294

Doris Märtin

Gli anni migliori

La vita dopo i 40

Doris Märtin

GLI ANNI MIGLIORI
LA VITA DOPO I 40

Traduzione di
Alessandra Petrelli

TEA

TEA – Tascabili degli Editori Associati S.p.A., Milano
www.tealibri.it

Titolo originale
Mittendrin im Leben

Prima edizione TEA Pratica maggio 2007
Seconda edizione TEA Pratica luglio 2008

Indice

1. **Invecchiamo più tardi.** La follia della giovinezza e la paura dell'età 9

2. **Ricchi di anni.** Successi, conoscenze ed esperienze 23

3. **La musica del futuro.** Vecchi clichè e nuovi copioni 37

4. **Tutto resta come prima?** Rivolgimenti e risvegli 49

5. **Operazione bellezza.** Rughe, fitness e lifting 63

6. **Una questione di stile.** I segreti per restare giovani e i nuovi metri di misura 85

7. **Prestazione matura.** Carriera, valore di mercato e aria di crisi 101

8. **Soddisfatti in ogni rapporto.** Coppie consolidate, single e nuovi legami 127

9. **La salute prima di tutto.** Stile di vita, strategie di sopravvivenza e ormoni extra 151

10. Da Kukident a Master Consumer. La forza delle parole e le immagini mentali 177

11. Invecchiare non è cosa da vigliacchi. Commiati, lutti e transitorietà 189

12. Belle prospettive. Il paradosso del benessere e l'arte di vivere 205

Piccola conclusione 217

GLI ANNI MIGLIORI

Per Christian
« We wish, more than anything, for more. »
MICHAEL CUNNINGHAM

1. Invecchiamo più tardi

LA FOLLIA DELLA GIOVINEZZA E LA PAURA DELL'ETÀ

Per Sebastian fu il mancamento. Per Sabine, l'arrivo composto e autoritario della nuova tirocinante. Per Christoph, la voglia sempre più forte di pranzi da gourmet. Per Anton, la diminuzione dei rapporti di una notte. Per Anna, il giorno in cui la figlia minore entrò al ginnasio. Per Friedrich, la caduta dei capelli. Per Annette, l'infarto del suo compagno. Per Elisabeth, la promozione nel team direttivo. Per Nina, la morte dei genitori. Per Klaus, il nuovo amore per la musica da camera.

Gli eventi scatenanti oscillano da tragici a banali, il momento subisce variazioni personali. Ma presto o tardi, intorno ai 40 anni, ci colpisce irrimediabilmente quasi tutti: la consapevolezza di aver raggiunto il culmine dell'esistenza. Che il tempo futuro è sempre di meno. Che noi, un tempo sprezzanti verso chi aveva più di 30 anni, raggiungeremo i 40, i 45, i 50.

La generazione del baby boom, le annate prolifiche, sta invecchiando.

Ma non eravamo ancora giovani?

« Poche settimane dopo il suo 36esimo compleanno, per la prima volta nella vita, Simrock sentì il proprio cuore.» Comincia con queste parole il romanzo di Jurek Becker, *Schlaflose Tage* («Giorni insonni»). «Per la prima volta Simrock si sentì ricordare che la sua vita non sarebbe durata in eterno. L'oppressione al petto gli diceva che l'epoca fino alla sua morte chissà quando era nient'altro che un resto, piccolo o grande, in ogni caso vacillante.»

Con poche parole, Becker descrive la spiacevole sensazione che ci introduce a quello che credevamo essere anni luce lontano da noi: la fine della fase in cui ci ritenevamo invincibili, immortali, eternamente giovani.

Ovviamente non ci sfuggiva che, a ogni compleanno, avevamo un anno di più, ci rendevamo conto che le notti insonni lasciavano tracce più vistose di prima. Il nuovo figlio, i problemi sul lavoro, ci dicevamo, e decidevamo senza riflettere di passare dalla crema idratante generica alla cura intensiva con immediato effetto lifting e antirughe.

Per il resto ci rendevamo conto solo marginalmente del passare del tempo. Infatti, nonostante qualche turbolenza e qualche battuta d'arresto, tutto sommato cavalcavamo l'onda del successo personale, professionale e materiale. La carriera procedeva a gonfie vele, avevamo il pieno controllo della quotidianità, frequentavamo circoli di giovani e nel fine settimana visitavamo i cantieri edilizi per le giovani famiglie che ultimamente spuntano dovunque negli insediamenti in crescita. Con un pizzico di fortuna, a 43 anni riuscivamo a entrare ancora nella taglia di jeans dei sedici anni e quelli più abili riuscivano a volare con la tariffa per studenti fino a 35 anni. Nel caso il lavoro non ci piacesse, ci orientavamo altrove e alcuni facevano lo stesso se il partner/la partner non rispondeva più alle proprie aspettative. La vita si stendeva davanti a noi, il mondo era aperto. In noi si incarnava l'equazione: giovane = di successo = attraente = desiderabile.

Associavamo l'invecchiamento alla paradentosi, le pillole d'aglio, la menopausa, i disturbi della prostata – parole che non ci riguardavano. No, noi saremmo invecchiati più avanti. O forse mai, pensavamo soddisfatti, ignari che l'invecchiamento non comincia con la vecchiaia.

« A 20 anni sei ancora un bambino.
Poi ti dici, "Sì, ho 30 anni, ma sono solo 30
e ho appena smesso di essere un bambino".
E di colpo ti trovi a 40 anni. »
LAUREN HUTTON

Pochi di noi erano preparati a sentire risuonare qualche accordo stonato nel motivo conduttore della melodia della nostra giovinezza apparentemente eterna. Dapprima piano, poi sempre più distinta, si annunciava la fine di un'era, l'inizio di una nuova fase della vita. Con insistenza ci facevano capire che non eravamo più al principio, bensì in mezzo alla vita. Con tutti i pro e i contro del caso. Da allora la nostra arroganza si è tinta di un velo di malinconia.

Come siamo diventati ciò che siamo

Se state leggendo questo libro presumo che apparteniate anche voi alla tanto decantata generazione del baby boom, alla fascia di età compresa tra i 40 e i 50 anni. Lontani dal dopoguerra e dalla ricostruzione, siamo cresciuti in circostanze privilegiate, almeno se siamo nati nell'Occidente democratico. Meno dogmatici dei Sessantottini, non tanto narcisisti come i yuppy, ci siamo fatti strada senza troppi problemi. Non ancora corrotti dalla new economy e dal «nuovo mercato», negli anni Ottanta e Novanta abbiamo messo su famiglia, ci siamo trasferiti in spaziosi appartamenti d'epoca o in villette unifamigliari nel verde e abbiamo costruito carriere solide e poco appariscenti.

A 25 anni di distanza dal diploma, i miei compagni di classe sono diventati insegnanti, dentisti, funzionari di banca, impiegati pubblici, agricoltori, professori, omeopati, casalinghe e madri, commercianti. Nella media la nostra generazione non ha guadagni da sogno, non fa parlare di sé con titoli professionali sui biglietti da visita, ma comunque, la maggior parte di noi entra con un relativo margine di sicurezza nella seconda metà della vita. Tuttavia dovremo rassegnarci all'idea che non ci verrà garantita un'uscita dal mondo del lavoro morbida e protetta come per la generazione precedente.

A parte tutto, però, se il destino non ci ha piegato prematuramente, la mezza età per noi comincia più tardi delle fasce d'età maggiori, dura più a lungo e si annuncia molto promettente. Per tutta una serie di motivi.

- **Giovani di mente.** I figli del baby boom sono stati i primi a usufruire dei vantaggi delle riforme scolastiche degli anni Sessanta e Settanta. Rispetto alle generazioni precedenti, siamo andati a scuola più a lungo, abbiamo scelto una formazione più qualificante e abbiamo aspettato a crearci una famiglia. Per molti di noi la fase giovanile si è protratta fin quasi ai 30 anni. Nell'epoca formativa tra i 20 e i 30 anni, quando la vita dei nostri genitori era già da tempo instradata sui binari della responsabilità, noi discutevamo con passione nei bar dell'università, sperimentavamo impieghi e partner e ci recavamo in Grecia con lo zaino oppure giravamo l'Europa con l'Inter Rail. La nostra lunga giovinezza oggi ci torna comoda: quando sarà il momento, invecchieremo in maniera un po' più critica e informata, attiva e sana rispetto ai 60-70enni di oggi.

- **Giovani di anni.** Uno studio congiunto dell'istituto Max Planck di Rostock per la ricerca demografica e dell'università di Cambridge dimostra che negli ultimi 160 anni l'aspettativa di vita è aumentata in media di tre mesi ogni anno. Questo ci induce a sperare che vivremo almeno cinque anni più dei nostri genitori e 10 anni più dei nostri nonni. A 40 o 50 anni, abbiamo ancora una bella fetta di futuro davanti a noi – a patto che non ce la facciamo rubare.
- **Sani e in forma.** Come tutte le altre fasce d'età, anche noi siamo stati contagiati dal mito della giovinezza. Termini chiave come forever young, wellness e antietà sono ormai entrati di prepotenza nel nostro stile di vita: stiamo attenti a un'alimentazione bilanciata, ci alleniamo e abbiamo capito che lo stress non ci distingue come persone di successo, ma come invasati che non sanno indirizzare ragionevolmente le proprie risorse personali. Ovviamente, i nostri sforzi per essere attraenti, rilassati e soddisfatti non fermano l'invecchiamento. Ma se non altro conserviamo un aspetto più giovanile.

L'età percepita

Gli studiosi svizzeri Pasqualina Perrig-Chiello e François Höpflinger attribuiscono alla generazione del baby boom un « marcato ringiovanimento socio-culturale » rispetto a gruppi d'età precedenti. Si tratta di un'affermazione scientifica che conferma quanto percepiamo soggettivamente: non dimostriamo la nostra età.

Sfoggiando una perfetta forma fisica e una considerevole attenzione per la moda, molti di noi smentiscono la data di nascita scritta sui documenti. Non solo visivamente, ma anche da un punto di vista psichico ed emotivo. Il numero degli anni vissuti dice sempre di meno sull'età «autentica» di una persona. Gli esperti riconoscono queste categorie:

- **chronological age:** l'età cronologica in base alla data di nascita,
- **real age:** l'età biologica del corpo,
- **feel-age:** gli anni che ciascuno si sente,
- **look-age:** gli anni che si dimostrano,
- **do-age:** l'energia con cui una persona compie ciò che fa il suo gruppo di età,
- **interest-age:** la consonanza degli interessi personali con quelli del gruppo di età corrispondente.

Vale a dire che, chi ha 44 anni, può dimostrarne 35, avere un comportamento più flessibile di alcuni 25enni e un tasso di colesterolo nel sangue più elevato della maggior parte dei 50enni.

Non si tratta di una pia illusione se, secondo un'indagine di una società di assicurazioni, più della metà dei 45-55enni crede di essere al culmine della vita e un altro quarto abbondante si aspetta di avere ancora davanti a sé gli anni migliori. Né, tantomeno, è segno di una perdita collettiva del senso della realtà se gli uomini tra i 40 e i 50 anni si sentono in media più giovani di sei anni e le donne addirittura di sette.

La nostra percezione dell'età non è un mero meccanismo di rifiuto, al contrario, è un indicatore credibile di come vivremo il nostro invecchiamento. Numerosi studi sono giunti alla medesima conclusione: chi si sente più giovane, in genere è più sano, più sicuro di sé, più istruito e più risoluto dei coetanei che si sentono gli anni che hanno o magari di più.

Pienamente presenti

La sensazione di stare al centro delle cose, e di esserlo pienamente, caratterizza nella maggior parte degli ultra 40enni la percezione del presente e le aspettative per il futuro. Questa valutazione corrisponde al nostro ruolo nella società; in fondo la nostra generazione è considerata come quella trascinatrice del Paese. Una valutazione del Mikrozensus* berlinese del 1999 ha dimostrato che le persone di mezza età percepiscono gli stipendi medi più elevati e hanno la percentuale di occupazione maggiore.

Direttamente, in famiglia, oppure indirettamente, come contribuenti, manteniamo e finanziamo fino a quattro generazioni. Due più giovani, che non sono ancora entrate nel mondo del lavoro: il bambino di quattro anni che va all'asilo e i suoi genitori che studiano all'università. E due più vecchie, che si sono ritirate dal mondo del lavoro: il 59enne in prepensionamento e la madre 85enne nella casa di riposo.

Ma, oltre ad avere un alto livello di prestazioni, ci sentiamo anche in grado di farlo. Abbiamo trovato il nostro posto nella vita, noi stessi e il nostro stile. Siamo tolleranti, rilassati, sulla cresta dell'onda. Sappiamo cavarcela con l'e-mail e gli adolescenti ribelli, il vino rosso barricato e il fondotinta che riflette la luce. Cerchiamo di accettare con disinvoltura le rughe sulla fronte e la buccia d'arancia sulle cosce. Perché abbiamo la certezza di essere molto più attraenti oggi che nella foto della patente.

Che 39 o 48 non siano *cool*, lo sa soltanto chi se lo sente ripetere ogni giorno dai figli. Oppure lo avverte in ufficio. Ed eccoci arrivati al lato oscuro della mezza età.

* Istituto nazionale di statistica tedesco.

L'immagine sociale dell'età

Che ci sentiamo giovani o vecchi, o che lo sembriamo, dipende da noi. Le caratteristiche, gli stereotipi positivi o negativi che ci vengono attribuiti da altri in base alla nostra età anagrafica, dipendono dai concetti che il nostro ambiente abbina all'età. Purtroppo l'atteggiamento della nostra società nei confronti dell'invecchiamento è a dir poco ambivalente: quasi tutti/tutte vogliono arrivare a un'età avanzata, ma nessuno/nessuna vuole essere vecchio.

Il rifiuto dell'età non può certo sorprendere, dal momento che, a dispetto di tutti i successi delle pratiche antietà, l'invecchiamento è vissuto principalmente come perdita: perdita di bellezza, di mobilità, di desiderabilità. La vecchiaia viene associata a tutto ciò che è antiestetico e non attraente, all'immobilità e alla stagnazione, al declino e alla transitorietà. La vecchiaia significa restare indietro, non stare al passo, essere esclusi. «Tutto ciò che è bello e desiderabile viene associato all'immagine della giovinezza – e ciò che è spiacevole a quella della vecchiaia», scrive il sociologo Thomas Meyer a proposito della follia giovanilista della società dei consumi. Il culto della giovinezza non colpisce solo i senior e gli anziani, ma i primi effetti li sentiamo già nel bel mezzo della vita: la nostra sensazione soggettiva di essere giovani o relativamente giovani, si scontra con la percezione esterna; per il mondo del lavoro, per le ricerche sull'età, per i più giovani che ci incalzano, le persone di 40 anni fanno già parte della generazione anziana. O in ogni caso dei vecchi del futuro.

Se è vero che restiamo giovani sempre più a lungo, è anche vero che l'invecchiamento sociale comincia sempre prima.

- Il 60 per cento circa delle imprese in Germania* non assume personale sopra i 50 anni. Lo ha comunicato nell'autunno del 2001 l'IAB (Istituto per il mercato del lavoro e la ricerca sull'impiego). In queste società a 42 anni ci si sente già vecchi.
- *Dati fondamentali sulla situazione esistenziale dei 40-85enni in Germania* è il titolo di un'indagine sulla vecchiaia, finanziata dal ministero per la famiglia, gli anziani, le donne e i giovani e che ha coinvolto più di 4000 persone. Agli occhi dei ricercatori, la vecchiaia (o l'invecchiamento) comincia nella fase centrale della vita professionale e famigliare, altrimenti gli ultra 40enni e gli ultra 80enni non rientrerebbero nella stessa categoria. La gioventù e i primi anni dell'età adulta vengono suddivisi in maniera più precisa, individuando giustamente numerose fasce d'età e di sviluppo, che distinguono i neonati dai bambini di età prescolare, i preadolescenti dagli adolescenti e dai ventenni, i neolaureati dai giovani professionisti. La generazione new economy dai trentenni.
- Un'agenzia di viaggi bavarese offre nel suo catalogo invernale settimane bianche per anziani a partire dai 50 anni.
- Sebbene il 42 per cento degli americani abbia più di 40 anni, nel 2002 gli attori ultra 40enni hanno ottenuto meno di un terzo di tutti i ruoli cinematografici e televisivi e le attrici meno di un quarto. Il sindacato degli attori SAG ha perciò auspicato che l'industria cinematografica dia uno spazio maggiore agli ultra 40enni nei media. « Più nonni e più nonne sullo schermo » intitolava una rivista tedesca su Internet che si occupava della vicenda.

* Questo dato non è molto diverso per gli altri Paesi europei.

Vietato parlare dell'invecchiamento

La nostra generazione non ha più molti temi tabù, ma l'invecchiamento sembra uno di essi. Da quando ho iniziato a scrivere questo libro, mi sono resa conto che l'atteggiamento nei confronti di questo argomento è di grande scetticismo. L'invecchiamento, proprio e altrui, non è un fenomeno con cui piace avere a che fare.

« Un giorno mi sono detta: ho 40 anni. Quando mi sono ripresa dallo shock, ne avevo 50. Lo sbigottimento di allora non è ancora passato. »
SIMONE DE BEAUVOIR

« Non è troppo giovane per questo tema? » chiede una allieva del seminario.

« A 40 anni oggigiorno non si è vecchi », commenta una conoscente.

« Ma se dimostri dieci anni di meno », si stupisce Jörg, un mio ex collega d'ufficio.

« Non avrai mica problemi a invecchiare? » si informa una buona amica.

Queste obiezioni richiedono una risposta.

No, non sono troppo giovane per questo tema.

Ho la stessa età del lettore al quale si rivolge questo libro. Tutt'altro che vecchio. Ma certamente non più giovanissimo. Diciamo in mezzo alla vita.

Ma se dimostri dieci anni di meno.

Non c'è dubbio, molti ultra 40enni al giorno d'oggi non dimostrano più di 30 anni, almeno agli occhi dei quasi coetanei. Non dipende tanto dall'aspetto, quanto dall'aura. Tuttavia, energia e bellezza esteriore non cambiano il fatto che bisogna affrontare il cambiamento legato inevitabilmente ai 40 anni.

A 40 anni oggigiorno non si è vecchi.

Sono perfettamente concorde. Ma i 40 sono il Mezzogiorno di fuoco, statisticamente parlando. A 40 anni abbiamo vissuto all'incirca metà della vita. È una cesura che possiamo allontanare in molte maniere: dalla moda giovanile, agli amori giovanili, ci vengono offerte possibilità a iosa. Oppure possiamo affrontare con consapevolezza e determinazione le sfide offerte dal passaggio d'età. Personalmente, preferisco questa seconda strada.

Non avrai mica problemi a invecchiare?

La quarta domanda è quella più difficile. Mi piace la mia vita, non vorrei essere più giovane. Gli anni trascorsi mi hanno reso più lucida, attiva e coraggiosa e non vorrei rinunciare a tutto ciò. Nemmeno in cambio di una pelle più liscia e della possibilità di rimediare ai pochi passi falsi compiuti nel corso della vita. Ma non avrei niente in contrario a restare 45enne per 45 anni. Perché in effetti devo ammettere che mi dispiace sapere che il tempo fugge, le rughe aumentano, i rischi di malattia crescono.

Gli anni migliori

Se anche voi la pensate come me, allora abbiamo almeno una cosa in comune: invecchiare non ci sta bene, perché per qualche motivo non fa per noi. La ginnastica dolce e le rughe nasolabiali, la pancetta e la caduta dei capelli non sono prospettive allettanti quando nella testa ci si sentono 35 anni al massimo. Per questo parliamo della nostra età soltanto con il dottore, il ginecologo oppure l'amica del cuore e, se possibile sempre con assoluta autoironia. Con le persone più giovani, invece, evitiamo del tutto l'argomento; dopo tutto non vogliamo apparire vecchi proprio nel bel mezzo degli anni migliori.

Il primo dovere di ogni cittadino di una repubblica senescente è essere giovani e restare giovani, se non vogliamo rischiare di incontrare problemi nel mercato del lavoro e dei rapporti personali.

A lungo andare, tuttavia, bugie e rifiuti, interventi conservativi e contenutivi non servono a molto. Nemmeno affrontando una lotta quotidiana contro l'invecchiamento potremo cancellare del tutto le tracce lasciate su di noi dal tempo. A 45 come a 55 anni.

Per questo il presente libro non tratta in primo luogo come dimostrare 35 anni quando se ne hanno 53. E nemmeno come conservare la giovinezza e contrastare la menopausa e l'andropausa grazie a complessi vitaminici, iniezioni per appianare le rughe e ormoni antietà. Se vi aspettate informazioni mediche e sofisticati trucchi antietà, tanto vale chiudere subito il libro.

Gli anni migliori si prefigge un duplice scopo, ovvero di seguire le tracce dei rivolgimenti e dei risvegli psicologici legati al passaggio dalla gioventù alla vecchiaia. Ciò è possibile perché da qualche anno la sociologia ha riconosciuto che, con un po' di impegno soggettivo, lo sviluppo interiore continua anche e proprio dopo il quarantesimo compleanno. Laddove finora si indagavano esclusivamente gli aspetti negativi dell'invecchiamento, da qualche tempo l'età matura è interpretata anche come crescita di consapevolezza, indipendenza e serenità.

Ormai è assodato; la sfida degli anni migliori non consiste nell'assolvere il compito improbo e in ultima analisi inarrivabile di restare giovani per sempre, bensì nel raggiungere un equilibrio di maturità, pienezza e autenticità che per i più giovani è ancora lontano.

Se ci pensiamo bene, invecchiare può diventare un'avventura di crescita entusiasmante e gratificante. Questo libro è pensato per accompagnarvi lungo tale cammino. Offre spunti e riflessioni su come liberarci dai clichè negativi legati all'età, per crescere spiritualmente ed emotivamente, e per godere la vita in modi completamente nuovi. Invecchiare non è un difetto, ma al contrario una opportunità. L'opportunità di crescere oltre noi stessi.

2. Ricchi di anni

SUCCESSI, CONOSCENZE ED ESPERIENZE

La *midlife crisis* è stata definita un mito, la grande crisi della mezza età non esiste. I maggiori psicologi evolutivi in Europa e negli Stati Uniti sono concordi su questo. Gli anni tra i 40 e i 50 sono « una fase di sviluppo piuttosto che una condizione di emergenza psicologica », afferma Joan Borysenko, scrittrice ed ex docente di Harvard. « Spesso l'aspetto più eclatante degli anni di mezzo è che passano inavvertitamente », osserva il sociologo berlinese Martin Kohli.

Può darsi che la caricatura della crisi della mezza età di Reinhard Fendrich sia ancora viva nella mente di molti: « I lupi dalla pelliccia grigia hanno bisogno di carne giovane », ma basta guardarsi intorno nel proprio ambiente per rendersi conto che, nel periodo centrale della vita, gli uomini in fuga sono altrettanto poco numerosi quanto le donne fuori di testa. Al contrario, stupisce quante persone di mezza età, uomini e donne allo stesso modo, abbiano imparato a compiere con stile e razionalità il passaggio definitivo nell'età adulta. I 40enni e 50enni di una certa levatura prediligono il piacere, la salute e la serenità, puntano sulla sensibilità anziché sugli status-symbol e cercano attivamente ciò che è vicino invece che fuggire verso un lontano indefinito.

A dispetto dei clichè e dei timori segreti, l'inizio della seconda metà della vita non ci precipita nella crisi né nel ridicolo. La maggior parte di noi vive gli anni centrali come un periodo di continuità e stabilità, come una sfida fra tante. Ciò non significa, tuttavia, che il distacco dai 30 e dai 40 sia sempre facile. Per quanto desideriamo affrontare razionalmente i cambiamenti in noi e intorno a noi, volenti o nolenti, qualche volta può capitare di venire assaliti dal blues della mezza età.

Maturi per il cambiamento

Da uno studio compiuto dalla psicologa svizzera Pasqualina Perrig-Chiello sulla mezza età, emerge che i 40-45enni si sentono fisicamente molto più in forma dei 50-55enni. Questo dato non vi sorprenderà, ma ciò che stupisce è che il gruppo di età più giovane valuta decisamente peggio il proprio benessere *psichico* rispetto ai più vecchi. La studiosa ne deduce che i più maturi si sono già adattati alla fase esistenziale che incute ancora timore nei più giovani.

È inutile illudersi: i primi confronti con la vecchiaia fanno male, dai peli sul mento agli stereotipi negativi nell'economia e nei media. Proprio quando siamo al culmine della vita, mentre crediamo di appartenere ancora alla gioventù, ci rendiamo conto che sta cambiando qualcosa, che le cose non sono più quelle di prima.

Chi dispone di buoni geni, tempo, soldi e disciplina può protrarre l'illusione della giovinezza ancora per qualche anno. Ma è solo un effetto temporaneo. Finché restiamo aggrappati alle abitudini, preferiamo fare acquisti negli stessi negozi delle figlie adolescenti, ci comportiamo da eroi sul campo da tennis e da assetati di carriera alle riunioni aziendali, teniamo lo sguardo rivolto all'indietro e non andiamo avanti.

Al momento può venire la tentazione di proseguire

sui sentieri battuti, ma alla lunga non c'è Botox né Viagra che possano evitare che veniamo raggiunti e superati dalle generazioni più giovani. L'alternativa può essere di gettarci alle spalle l'età e salpare coraggiosamente verso nuovi lidi. Ma questa strada presuppone di guardare in faccia gli anni, quelli del calendario e non quelli sentiti. Se vogliamo continuare a svilupparci e a trasformarci anche in futuro, se vogliamo vivere guardando avanti anziché indietro, è necessario ripensare ai nostri metri di misura e alle nostre certezze proprio quando siamo al culmine della vita.

Certo non è facile accettare questa sfida, né tantomeno affrontarla. Ma è inevitabile. « A ogni richiamo della vita, il cuore dev'essere pronto al distacco e a un nuovo inizio per darsi con coraggio e senza rimpianti ad altri, nuovi legami », ci esorta Hermann Hesse.

A 40 anni e più siamo ben equipaggiati per cambiare rotta; dopo tutto scorrono in noi i successi, le esperienze e le conoscenze di mezza vita.

Unici e distinti

C'è chi diventa madre a 42 anni e chi diventa nonna a 44. C'è chi crea la propria società a 51 anni e chi conta annoiato gli anni che mancano alla pensione. C'è chi si sente ancora il cucciolo della famiglia a 48 anni con due fratelli maggiori e chi alla stessa età porta già da tempo sulle spalle la responsabilità del fratello handicappato. C'è chi è già sposato da un quarto di secolo e chi è appena andato a convivere. Con le figlie avute da lei dal primo matrimonio. Con tutta la discendenza. E il figlio di lui che completa la famiglia nel fine settimana.

Negli anni migliori le forme di vita, e quindi anche le

concezioni di vita, di un gruppo di età sono molto diverse che in passato. Responsabili di questa situazione sono le opportunità di scelta pressoché illimitate della società multi-option. Ovviamente anche noi, come tutte le generazioni precedenti, dobbiamo accettare ciò che la vita ci apparecchia, ma mentre il percorso esistenziale dei nostri genitori e dei nostri nonni somigliava a un menu fisso, la vita per noi si presenta piuttosto come un buffet più o meno ricco, dal quale attingiamo in gran parte a nostro piacimento la nostra biografia.

Naturalmente c'è una limitazione: il fatto di poter scegliere in molti campi ci preclude altre opzioni. Non importa se divoriamo tutto avidamente o se gustiamo i bocconi uno alla volta: prima o poi il piatto è pieno per tutti. Stato sociale, numero di figli, impiego, stipendio, residenza, suddivisione dei ruoli famigliari – a 40 anni i dati di riferimento della vita sono fissati. I cambiamenti sono possibili, ovviamente, ma più difficili da realizzare che in passato.

Intorno ai 40 anni, si è raggiunta una condizione che i sociologi definiscono *pienezza di status*. Per la prima volta è possibile cogliere nella loro importanza globale i risultati raggiunti e gli obiettivi mancati. I successi danno frutti, i fallimenti e le decisioni sbagliate appesantiscono la biografia. È in questo momento che si manifesta con la massima chiarezza ciò che abbiamo fatto della nostra vita.

« Da un punto di vista sociologico, l'età personale non è fondamentalmente un problema biologico e fisico, quanto una questione di definizione biografica », spiegano gli esperti Pasqualina Perrig-Chiello e François Höpflinger. Proprio per questo l'età dipende anche da quante strade ci sono ancora aperte e da quante se ne sono già chiuse.

Il grasso bottino della vita

Quanti hanno vissuto i propri sogni, coloro con cui la vita è stata generosa, adesso vivono bene e sono all'apice della carriera professionale e sociale.

Dispongono di più denaro e più sicurezza, di più tempo libero, di maggiore influenza e capacità di espressione rispetto al passato.

Sono ben saldi in sella. E raccolgono i frutti del loro impegno esistenziale, materialmente ed emotivamente. Infatti, l'aver avuto la mano fortunata nella scelta del partner, nell'educazione dei figli, nella posizione economica e professionale mette le ali: consapevolezza di sé, fiducia, la sensazione gratificante di avere la vita nelle proprie mani. I *midagers* di successo non devono più dimostrare niente a nessuno, o quanto meno non più molto. Conoscono i propri punti di forza e accettano con disinvoltura le proprie debolezze.

E le cose sono persino migliori di quanto immaginino, perché la pagina non è ancora scritta fino in fondo. I più fortunati della fascia d'età hanno buone possibilità di vedere addirittura migliorare le proprie condizioni negli anni futuri. Prendiamo per esempio la carriera: chi all'ingresso nel mondo del lavoro ha saputo vendersi bene, o ha imboccato la specializzazione giusta, ha raggiunto già all'epoca risultati economici migliori dei coetanei con un livello di istruzione analogo. La differenza, tuttavia, si limitava a poche migliaia di euro. Con il tempo, però, la discrepanza diventa sempre più marcata; per i meno fortunati il reddito sale lentamente e dopo qualche anno si attesta su un livello basso, mentre chi ha spiccato il volo non si ferma nel giro di pochi anni e, se ha raggiunto posizioni dirigenziali nella prima metà della vita, è assai probabile che raggiunga nella seconda metà della vita livelli di reddito ancora superiori.

Forti nel prendere

Se in alcuni ambiti ci troviamo dalla parte di quanti sono arrivati, ben visti e sicuri, in altri dobbiamo pagare le conseguenze degli errori del passato, per esempio l'abbandono degli studi o la salute trascurata. Le decisioni del passato ci frenano; malattie, separazioni, disoccupazione limitano per lungo tempo, e a volte per sempre, le promettenti prospettive degli anni precedenti. Diversamente dai più giovani, i 40enni non credono più che gli anni migliori debbano ancora venire quando i progetti di vita accarezzati con la mente non si realizzano. Passato il 40esimo compleanno, diventa sempre più difficile recuperare ciò che si è perso per strada, correggere gli errori commessi. Più invecchiamo, più il presente rispecchia il nostro passato.

Christine e Max erano diventati inseparabili dal corso di ballo. Otto anni più tardi, poco dopo gli esami, scoppia la crisi. Christine vuole sposarsi. Max ha buone prospettive di carriera a Boston. Sposarsi? Più avanti, di sicuro, ma non ora, proprio nel bel mezzo della fase di qualificazione. Christine non vuole sentire ragioni, e dà a Max l'aut-aut ora o mai più, si trasferisce da un'amica, ignora le sue telefonate e le sue lettere. Sono passati quasi 20 anni da allora. Christine ha 43 anni, è separata e da anni alleva la figlia da sola. Le costa molta fatica innamorarsi di nuovo. Max è ritornato da molto tempo in Germania. Christine lo ha rivisto di recente, mentre faceva una gita in bicicletta lungo il Reno con moglie e figli. Il suo sguardo concentrato, il suo sorriso disarmante le sono tornati subito famigliari. Da allora è tormentata dai ricordi e dal rimorso. Di essere stata così ostinata tanto tempo fa. Così infantile. Così giovane.

Intorno ai 35 anni Rainer ha finalmente deciso, dopo molte esitazioni, di sottoporsi a una vasectomia. All'epoca era sposato, aveva due figli vivaci e voleva risparmiare a sé e alla moglie lo stress dei contraccettivi. Due anni più tardi è separato e la sua nuova compagna vorrebbe ardentemente un figlio. Può sottoporsi a un intervento di ripristino, ma senza garanzie di successo.

All'inizio degli anni Ottanta tutti sapevano che per gli insegnanti precari di ginnasio non esistevano molte possibilità di un impiego fisso per tutta la vita, soprattutto con una combinazione di materie come inglese e geografia. Kerstin però volle intraprendere lo stesso quella strada. Si laureò con ottimi voti, ma questo non bastò ad assicurarle una cattedra. Da allora Kerstin lavora come supplente e insegnante di corsi privati. Nei primi anni Kerstin apprezzava molto l'indipendenza professionale. « Sono imbattibile come libera professionista. » Oggi, raggiunti i 40 anni, è tormentata dal pensiero di lavorare senza un minimo di garanzie. « Certi giorni, invidio i miei genitori. Trent'anni di posto fisso, casa pagata, pensione sicura. »

Ricchi di esperienza

Superati i 40, alcuni sogni si infrangono. Superati i 40 c'è qualche ferita aperta nella biografia. Superati i 40 non è possibile riscrivere daccapo la nostra storia. Non è facile, specialmente per chi è rimasto indietro nella folle corsa marito-figli-casa-cane-famiglia-carriera-tasse.

Purtroppo il cervello umano è concepito per reagire più intensamente alle situazioni negative che a quelle positive; per questo è molto difficile rendersi conto che le crisi, le battute d'arresto e le perdite non sono soltanto dolorose, ma ci rendono forti. Suona come una magra consolazione, ma la realtà è che non si impara il coraggio e la capacità di resistere se tutto fila sempre liscio. Sono lezioni che si apprendono attraverso le difficoltà. Molto di ciò che è negativo, non ci porta solo paura, dolore e delusione, ma anche esperienze stupefacenti.

Energia e iniziativa, una volta passato lo shock iniziale.

Sostegno dove non ce lo aspettavamo.

Idee felici che non ritenevamo possibili.

Compassione, perché comprendiamo che la fortuna non si costruisce.

Fiducia in noi stessi, perché non ci siamo lasciati andare nei momenti difficili.

Le persone di mezza età hanno un enorme bagaglio di esperienze che li rende più forti di quanto pensino nell'affrontare le crisi.

Stabili e indipendenti

In un dato momento tra i 40 e i 50 anni, ci si ritrova all'apice del successo esteriore. La famiglia è creata, la carriera in corso, la casa costruita. I bambini sono usciti dalla fase più faticosa, i genitori sono ancora autonomi. Il patrimonio personale, l'assicurazione sulla vita, lo status sociale e la lunga permanenza in azienda, oppure la prospettiva di disporre nuovamente di un secondo introito o di ricevere una cospicua eredità ammortizzano meglio di prima le eventuali crisi.

Mentre negli anni di formazione la nostra vita ruotava tra lavoro e famiglia, spesso senza trovare tempo sufficiente per nessuno dei due aspetti, arrivati a metà cammino la pressione gradualmente si alleggerisce e intorno ai 40-45 anni molti di noi trovano il tempo di respirare e di affrontare le difficoltà in maniera più duttile. Le donne tornano a lavorare dopo la pausa dedicata ai figli, gli uomini si concedono più tempo per lo svago e la famiglia. La generazione di mezzo ha raggiunto molti obiettivi che la rendono indipendente e consapevole.

Forse non avete ancora avuto modo di rendervi conto di questa nuova libertà, forse al contrario siete oppressi dalla sensazione di essere professionalmente sostituibili e meno necessari ai figli. Quando il nuovo assunto padroneggia senza problemi il nuovo sistema informatico di cui voi avete solo sentito parlare, quando la figlia 11enne ultimamente preferisce andare a fare compere con l'amica invece che con i genitori, è naturale che la vostra autostima vacilli alquanto. Vediamo messe in dubbio la nostra competenza e la nostra ragione di vita e questo genera un senso crescente di inutilità.

Questo è solo un modo di vedere le cose. I più lungimiranti indirizzano le paure, che non vengono più affrontate come tali, su binari positivi. Quando i figli diventano più indipendenti e si assumono responsabilità crescenti, per noi si aprono nuovi scenari. Finalmente possiamo fare ciò che avremmo sempre desiderato. Dedicarci ai nostri interessi personali, perseguire obiettivi che esulano dagli impegni quotidiani. Oppure prenderci semplicemente più tempo da dedicare a noi stessi.

Professionalità, esperienza e un pizzico di saggezza

La prontezza se ne va. La saggezza arriva. Questa formula schematica serve a descrivere l'evoluzione dell'intelligenza nel corso della vita.

È ormai risaputo che i giovani imparano più in fretta e

gli anziani più lentamente. Già i 30enni restano stupefatti di fronte alla capacità di un bambino di 4 anni di distinguere tra tirannosauro e branchiosauro, dalla velocità con cui un 13enne, adeguatamente motivato, impara complesse formule chimiche, dalla perfezione con cui un 15enne imita i rap di Eminem. A paragone il nostro apprendimento lento e faticoso, il nostro inglese più corretto ma meno cosmopolita sono decisamente frustranti.

Di certo un 40enne incontra difficoltà molto maggiori rispetto ai più giovani per interiorizzare nuove informazioni, imparare un nuovo sport, abituarsi a nuove procedure. I nostri punti di forza sono altrove: possiamo puntare, ammesso di essere rimasti intellettualmente in gioco, sul bagaglio di esperienze accumulato, l'intelligenza emotiva e la saggezza esistenziale.

Conoscenza specialistica

Grazie alla nostra età, abbiamo potuto ampliare le nostre conoscenze, approfondirle e rinnovarle nel corso degli anni. Vale a dire che non ci siamo limitati soltanto ad accumulare più nozioni dei più giovani, ma abbiamo interiorizzato le regole della nostra disciplina e le abbiamo collegate mentalmente alle migliaia di aspetti conoscitivi necessari a ottenere risultati eccelsi in un ambito specializzato. Lo psicologo americano Anders Ericsson ha calcolato che in media occorrono 10.000 ore o 10 anni per raggiungere un grado di specializzazione elevato in una determinata disciplina. Partendo dalla durata dell'istruzione media in Occidente, significa che la maggior parte delle persone arriva a questo livello di competenza intorno ai 35 anni. Solo a partire da questo momento si dispone di una conoscenza specialistica che consente di raggruppare contesti complessi in poche macrocategorie e di risolvere problemi di fronte ai quali i meno esperti colgono solo concetti isolati. I *midagers* sono esperti nel loro campo.

Intelligenza emotiva

La mezza età ci fornisce una conoscenza globale non solo in campo professionale, ma anche nella sfera personale. Con il passare del tempo impariamo sempre più cose su noi stessi e sugli altri e diventiamo più assennati e più saggi. Più invecchiamo e meglio sappiamo interpretare gli altri, ascoltarli, affrontare paure, aggressioni e situazioni critiche. « L'apprendimento emotivo », ha dichiarato lo psicologo Daniel Goleman, « non finisce mai per tutta la vita. » Ciò non significa che, superati i 40, si acquisisca automaticamente la capacità di affrontare in modo intelligente e sensibile le emozioni proprie e altrui. Occorre anche ricettività, sensibilità per le atmosfere e la disponibilità a mettere in discussione i propri modelli emotivi.

I *midagers* sono meno veloci dei giovani, ma anche meno avventati. Per questo riusciamo particolarmente bene in quegli ambiti dove contano professionalità, consapevolezza dei rischi e orientamento al cliente.

Saggezza

A 40 anni il nostro potenziale interiore è tutt'altro che esaurito. Vero è che nella seconda metà della vita la prontezza di spirito e la rapidità di ragionamento tendono a diminuire. In compenso però, con la debita istruzione, disponibilità e competenza sociale, può crescere la saggezza. Comprendiamo sempre meglio che non esistono soluzioni perfette, che gli esseri umani sono spinti da interessi, valori e motivi quanto mai diversi, che la vita è piena di eventi imponderabili, che in certi frangenti il consiglio migliore non viene ascoltato. Le fondamenta della saggezza cominciano a costruirsi già tra il 15esimo e il 25esimo anno di età, ma è solo a partire dalla mezza età che il bagaglio di esperienze accumulato ci permette di osservare in maniera differenziata problemi esistenziali complessi.

« Una 15enne desidera sposarsi subito. Che cosa possiamo consigliarle? Quali aspetti bisogna prendere in considerazione? » era uno dei quesiti posti al campione di persone tra i 29 e i 90 anni di un'indagine realizzata da due psicologi evolutivi, Paul Baltes e Ursula Staudinger. Nella media, le risposte date dai 60-70enni a quesiti del genere si sono rivelate le più articolate e complete. Provate a pensare anche voi al problema. Come rispondereste? La reazione spontanea « Sposarsi a 15 anni? Nemmeno per sogno! » non è molto saggia. Gli studiosi hanno attribuito un elevato grado di saggezza a quanti si sono chiesti a quale ambiente culturale appartenesse la ragazza, se si era innamorata per la prima volta, se fosse orfana o soffrisse di una malattia inguaribile.

La saggezza può essere allenata e a tale scopo Baltes e Staudinger consigliano di rafforzare le tre doti seguenti:

- Accettare che le persone siano guidate da motivi, valori e obiettivi diversi. Questa capacità si chiama *relativismo di giudizio*.
- Chi vuole essere saggio, deve saper vedere l'insieme. Per questo non bisogna giudicare un avvenimento, un interrogativo esistenziale in maniera isolata, ma

bisogna inserirlo nel suo contesto – famiglia, professione, tempo libero, amicizie, posizione sociale, spirito dei tempi. Questo criterio di saggezza si definisce come *contestualizzazione esistenziale*.

- Non tutto è noto, spiegabile, prevedibile. Non esiste una semplice soluzione standard, da molti cercata. Chi vuole diventare saggio, deve imparare ad affrontare l'imponderabile e a convivere con l'incertezza dell'esistenza.

3. La musica del futuro

VECCHI CLICHÈ E NUOVI COPIONI

La vera vecchiaia, su questo concordano le persone di tutte le fasce d'età, comincia intorno ai 75 anni. Il panico della vecchiaia, invece, subentra circa mezzo secolo prima e si diffonde a passo di carica dal 30esimo compleanno in poi.

Di già 30? Piccolo vademecum per i cittadini anziani.

Generazione smarrita. Il mondo dei trentenni.

Le trentenni. Fra maternità e lavoro alla ricerca di una nuova identità.

Sono alcuni titoli che si trovano il libreria nella sezione dell'autoaiuto. Fin dai primi anni, l'invecchiamento non rientra tra le esperienze più ambite. Invece un atteggiamento positivo nei confronti della vecchiaia è la migliore garanzia di una vita lunga e gratificante.

Come il copione della vita determina le aspettative esistenziali

Inconsciamente, senza rendercene conto, interiorizziamo fin da bambini le immagini negative relative alla vecchiaia, mentre quasi tutti conosciamo 60-70enni che con il loro sorprendente anticonformismo e la loro disponibilità al nuovo smentiscono tutti gli stereotipi legati all'età. Le troviamo davvero « sorprendenti », queste simpatiche persone rimaste giovani di spirito, insolite, un'eccezione nella schiera di impermeabili beige che affollano le casse dei supermercati preferibilmente proprio quando i più giovani corrono a fare la spesa per cena nell'intervallo tra l'uscita dal lavoro e la palestra.

Le singole eccezioni positive non riescono a modificare i clichè sull'età. Per chi non è ancora coinvolto in prima persona, invecchiare significa diventare grigi, amareggiati e di cattivo umore. Essere fattori di costo, zavorre sociali, persone grette, oppure altro ancora, ma sicuramente altrettanto spregevole: improduttivi, iperaccuditi, indistruttibili. In una parola, un peso. Le lotte per la ripartizione dei benefici tra giovani e vecchi diventano sempre più dure. Chi ha bisogno di una protesi all'anca, viene visto con risentimento, come se progettasse un evento mondano a carico del sistema sanitario.

Finché siamo nel mezzo della vita, è facile proiettare la paura del decadimento fisico e dell'inutilità sociale su quanti hanno meno futuro di noi. Ma così non facciamo un piacere a noi stessi: chi si augura una lunga vita, farà meglio ad abituarsi quanto prima all'idea di invecchiare.

La motivazione per farlo ce la fornisce la scienza. Uno studio ultra ventennale delle università di Yale e Miami su 660 soggetti tra i 50 e i 94 anni ha dimostrato che le persone con un'immagine positiva della vecchiaia pensano in maniera più autonoma, agiscono con maggiore sicurezza e dispongono di una voglia di vivere maggiore rispetto a quanti sottovalutano nel suo complesso gli anziani. Un atteggiamento positivo nei confronti dell'età, propria e altrui, non solo migliora la qualità della vita, ma aumenta anche la durata della vita. I soggetti studiati che accettavano la propria età, sono vissuti in media sette anni e mezzo in più di quelli che la rifiutavano. Il dato era confermato anche tra le persone in condizioni di salute ed economiche meno positive.

Come vivremo gli anni dopo i 40 dipende perciò in larga misura da quello che ci aspettiamo. Declino e calma? Stagnazione a livello elevato? Pienezza e rinnovamento? Scoprite con quale copione entrate nella seconda metà della vita.

Sulla vetta

Molte persone si immaginano la vita come una montagna conica come un pandizzuchero: una ripida ascesa seguita da uno scosceso declivio. Dopo gli anni di formazione, durante i quali si accumulano risultati e successi nella sfera personale e professionale, tra i 40 e i 50 si moltiplicano i segnali che indicano il superamento della vetta: il punto vita si allarga, i tessuti si rilasciano e non si può più fare a meno degli occhiali. I figli protestano per la meta delle vacanze, il mondo del lavoro richiede *young professionals* con vocazione internazionale al posto dei professionisti di lunga esperienza, e invece del pavimento in laminato scelto dieci anni fa, si preferirebbe un parquet di quercia scuro.

D'ora in poi si va in discesa, lo specchio ci deride, tutto trama contro di noi. Gli ultra 40enni viziati di successo si disperano alla prospettiva di essere sul ciglio del baratro della perdita dei capelli. Al contrario, quelli meno fortunati si sentono spesso sollevati di poter ingranare la marcia più bassa entro breve. Chi è schiacciato dalla lotta per la vita, sfinito dalla famiglia, consumato dal lavoro, vive la prospettiva di scendere anticipatamente come liberazione e non come castigo.

Sull'altopiano

La maggior parte dei 40enni, tuttavia, non è per niente ansioso di imboccare la via verso il fondovalle proprio nel bel mezzo della vita. Molto meglio darsi da fare per mantenere lo status attuale. Con lo sport, lo yoga, gli abiti su misura, la consapevolezza precoce, l'aggiornamento costante e qualche hobby interessante possiamo restare per molti anni sull'altopiano della maturità, dove, se tutto va bene, è piacevole vivere quasi fino al termine della vita.

> « *E pensare che ogni età della vita sarebbe bella, se evitassimo di negare, trasfigurare o rimandare ciò che ha da offrirci.* »
> MAX FRISCH

Alcune persone si spingono persino più avanti e mandano indietro l'orologio del tempo.

Christine si è sottoposta a un intervento di chirurgia plastica per eliminare il doppio mento.

Isabella e Paul accarezzano l'idea di fare un altro figlio. Da quando la maggiore studia in Inghilterra e il piccolo sta sempre attaccato al computer, provano il desiderio di tornare genitori giovani.

Bernhard ha ricominciato da due anni il carosello di matrimonio-casa-figli. La nuova compagna, raccontano, sembra la copia ringiovanita della prima moglie.

Il mantenimento di tutto quanto ci è famigliare con mezzi più dispendiosi è allettante, ma c'è da chiedersi se è possibile conservare per tutti uno stile di vita edonistico-giovanile per tutta la vita. L'andamento demografico, la scarsità di risorse economiche per le pensioni e un sistema sanitario sovraccarico lo rendono improbabile.

Ma anche se potessimo permetterci il modello « sull'altopiano» come copione della nostra vita, alla lunga ci renderemmo un cattivo servizio. Chi va in montagna infatti lo sa: le passeggiate in piano sono comode, ma alla lunga l'andatura sempre uguale diventa monotona.

Pronti per il volo ad alta quota

Fino a poco tempo fa, gli studi sulla vita si concentravano sulla giovinezza e sulla vecchiaia. È questa la ragione per cui non è ancora noto a tutti che chi si trova come noi in mezzo alla vita ha molte più opportunità di quanto pensi. Solo da quando l'età adulta è diventata oggetto di analisi più approfondite da parte della psicologia evolutiva, è diventato chiaro che, durante la fase centrale della vita si aprono prospettive inimmaginabili.

Daniel Levinson, psicologo evolutivo americano parla di una «seconda età adulta».

Il professore di sociologia William A. Sadler ha coniato la definizione di «seconda maturità».

La giornalista Gail Sheehy descrive la fase esistenziale che ci sta davanti come «Età della superiorità». Le sue ricerche gettano una luce favorevole sugli anni successivi alla metà della vita. L'esistenza umana, vissuta nella maniera giusta, è un processo di maturazione ininterrotto verso nuove esperienze di apprendimento, maggiore indipendenza emotiva e un'identità sempre più stabile. Finora la maggior parte delle persone di mezza età arriva a una fase di stallo che, secondo l'opinione della psicologa americana Jane Loevinger, è molto inferiore alla massima possibilità di sviluppo. Tuttavia, chi riesce, dopo i 40 anni, a dedicarsi a ideali diversi dal

Qual è il copione della vostra vita?

Più delle generazioni precedenti, abbiamo la possibilità di determinare il nostro progetto esistenziale, il copione per la seconda metà della nostra vita. A patto che il destino non ci giochi qualche brutto scherzo, siamo liberi di scegliere tra diversi modelli: possiamo affrontare gradualmente la discesa a valle, oppure continuare ad avanzare comodamente sull'altopiano, o ancora raggiungere vette inesplorate. Scoprite qual è il copione della vostra vita.

Per ogni domanda, mettete una crocetta sulla risposta che più vi si addice.

Domanda 1
Che cosa pensate guardandovi allo specchio?
- Potrei fare di più **A**
- Mi sento in armonia con me stesso **C**
- Dimostro dieci anni di meno **B**

Domanda 2
La vostra azienda vuole introdurre un sistema di contatto con la clientela. Che cosa ne pensate?
– Buona idea. Ordinerò di sicuro un manuale sull'argomento **B**
– Un'altra novità. Dovrebbero pensarci i giovani **A**
– Sono contento che la mia proposta sia stata accolta **C**

Domanda 3
Che cosa vi attira di più?
– Un monte a punta **A**
– Un paesaggio montano **C**
– Una montagna a tavola **B**

Domanda 4
Un amico compie 50 anni. Come gli fate gli auguri?
– Vivi! Ama! Ridi! **C**

– Non si diventa più vecchi, si diventa migliori. Happy Birthday! **B**
– Se ti addormenti davanti alla TV,
se il mal di schiena non ti lascia più,
se desideri soltanto pace e tranquillità,
sei arrivato a 50 anni d'età! **A**

Domanda 5
Avete vinto un concorso a premi e potete scegliere un fine settimana di vacanza. Dove andreste?
– Tre giorni al Club Robinson in Turchia **B**
– Un seminario di meditazione in Engadina **C**
– Un weekend di cure termali a Bad Füssing **A**

Domanda 6
Quali valori sono più importanti per voi attualmente?
– Tempo ed equilibrio **C**
– Serenità e sicurezza **A**
– Prestigio e agiatezza **B**

Domanda 7
Sul vostro viso sono comparse evidenti rughe tra naso e bocca. Come reagite?
– Bisogna accettarle **A**
– Mi iscrivo a un corso di yoga per imparare a rilassarmi **C**
– Prendo in considerazione l'idea di un intervento correttivo **B**

Domanda 8
Una vostra cara amica sta valutando di separarsi dall'uomo con il quale vive da 23 anni. Che cosa le consigliate?
– È normale che dopo tanti anni manchi l'aria **A**
– È sicuramente allettante l'idea di rompere e di ricominciare daccapo **B**
– Può essere giusto mettere in dubbio se stessi in una fase del genere **C**

Domanda 9
Quale aspetto dell'invecchiamento vi preoccupa maggiormente al presente?
– Le rughe che aumentano **B**
– L'età pensionabile che aumenta **A**
– La vita che si accorcia **C**

Domanda 10
Che cosa vi rende particolarmente orgogliosi adesso dal punto di vista professionale?
– Di aver trovato un maggiore equilibrio rispetto a prima tra lavoro e vita privata **C**
– Di aver accumulato una notevole serie di successi ed esperienze **A**
– Di non farmi mettere i piedi in testa tanto facilmente dai più giovani **B**

Domanda 11
Vi piacerebbe sapere qual è il modo migliore per affrontare gli anni dopo i 40. Quale titolo vi colpisce di più?
– «Forever young» **B**
– «Le chance della mezza età» **C**
– «Come aumentare le energie esistenziali» **A**

consumismo, la carriera e la linea, ha ottime possibilità di vivere più felice che mai.

Ecco il vostro profilo

Contate rispettivamente il totale delle risposte A, B e C. Nel caso di parità tra due lettere, leggete entrambe le definizioni corrispondenti.

A: Siete più giovani di quanto pensate
Bisogna riconoscerlo: non vi aggrappate alla giovinezza.

Sapete che nella vita tutto ha il suo tempo. Non avete aspettative esagerate. Non dovete per forza essere il primo violino. È giusto che adesso tocchi ai figli mettersi in evidenza. Avete accettato il fatto che la pelle perde elasticità, la carriera si ferma e amore e passione con gli anni diminuiscono.

Senza nulla togliere alla vostra serenità, siete davvero sicuri di non provare più nessuna pulsione erotica? Nessun interesse per il successo? Nessuna gioia nell'avere un bell'aspetto? È proprio vero che dalla vita vi aspettate soltanto pace, salute e una pensiona sicura?

Adattarsi con spirito fatalista all'invecchiamento significa troncare lo sviluppo personale. La rassegnazione priva gli anni migliori di senso e splendore. Non lasciate che la seconda metà della vita scorra senza fare nuove scoperte e nuove esperienze.

Che cosa potete fare per voi stessi:

- Rinunciate a mettere in relazione aspetto e atteggiamento con l'anno di nascita: « Mia si è mantenuta incredibilmente bene ». Cercate di giudicare indipendentemente dall'età: « Trovo che anche oggi Mia aveva un aspetto veramente stupendo ». Il senso dell'esercizio: rendersi conto di come le affermazioni stereotipate restringano l'orizzonte.
- Provate qualcosa di nuovo almeno una volta la settimana: assaggiate un nuovo frutto che non conoscete. Comperate un giornale o una rivista che non avete ancora mai letto. Pensate a una sorpresa per il partner. Stupite vostra figlia con l'ultimissimo CD della boyband più famosa.

B: Siete ancora protagonisti

L'invecchiamento per voi non è una realtà, tutt'al più una sfida. Siete in forma smagliante, al lavoro gareggiate sempre tra i primi e vi sentite soggettivamente meglio rispetto a 10, 15 anni fa. E perché no, dopo tutto anche Michelle Pfeiffer e Tom Hanks danno la birra a tantissimi più giovani di loro. Per realizzare il vostro ottimistico concetto di invecchiamento investite parecchio tempo ed energie: sport, wellness, alimentazione sana, apprendimento incessante, iniezioni per togliere le rughe.

Nell'impeto di restare giovani, non avete tempo per trarre bilanci né per esaminare nuove possibilità di significato. Per accendere veramente la seconda metà della vita è tuttavia necessario un confronto obiettivo con i cambiamenti interiori avvenuti a partire dai 40 anni.

Che cosa potete fare di più per voi stessi:

- Se volete ripensare i vostri obiettivi, non potete farlo dall'oggi al domani. Però potete cominciare da subito: quali valori ritenete davvero importanti, a parte l'aspetto e il prestigio? Che cosa vorreste fare nei prossimi giorni per realizzarne uno?
- Rilassatevi regolarmente, per esempio con questo semplice esercizio ispirato alla meditazione zen. Sedetevi comodamente a gambe incrociate. Chiudete gli occhi. Scegliete un concetto dal contenuto piacevole, per esempio « felicità » o « tranquillità ». Concentratevi sulla parola e respirate profondamente. Non appena la vostra mente si distrae, riportatela sulla parola scelta. Il senso dell'esercizio: vi rilasserete e volgerete il vostro sguardo all'interno di voi stessi.

C: Siete sulla strada migliore

Per voi la vita significa imparare e crescere. A qualunque età. Disponete di una solida fiducia in voi stessi, date ascolto alla vostra voce interiore e sviluppate passo dopo passo uno stile di vita che vi si addice. In poche parole diventate sempre più esperti nell'arte di affrontare le diverse sfaccettature della vita e di trovare equilibrio tra gli opposti. Sapete godere appieno del momento – e contemporaneamente, provvedete in maniera realistica al futuro. Siete ancora attivi al cento per cento nella professione – ma fate gli straordinari solo nei momenti critici. Vi nutrite in modo consapevole – e proprio per questo avete sviluppato il gusto per ciò che è raffinato e insolito.

Nonostante questo, vi crucciate per la perdita della bellezza giovanile o per la paura delle malattie. Non sfuggite a queste sensazioni, perché fanno parte di un confronto realistico con la mezza età. Considerate la paura, la rabbia e la tristezza come catalizzatori di un processo di maturazione alla fine del quale svilupperete nuove priorità esistenziali. Per esempio la consapevolezza che il lavoro e lo stress non sono le cose più importanti; il bisogno di un rapporto più affettuoso con il partner; la capacità di apprezzare di più la vostra vita.

Che cosa potete fare di più per voi stessi:

- Rafforzate la consapevolezza del vostro corpo. Ritagliatevi del tempo per voi stessi, Allenatevi in maniera regolare e mirata. Fate lunghe passeggiate. Imparate un metodo per dominare lo stress. Manifestate liberamente le vostre emozioni. La capacità di invecchiare bene dipende soprattutto da quanto vi prendete cura di voi stessi fin da oggi.
- Apritevi al mondo esterno. Investite più tempo nelle relazioni umane. Impegnatevi in qualcosa. Mettete a disposizione le vostre esperienze. Siate generosi con i soldi, l'impegno e l'interesse. Concedetevi del tempo per suonare, dipingere, fotografare, scrivere. Gli psicologi definiscono « generatività » la capacità di interessarsi ad altri e ad altro all'infuori di se stessi e della propria famiglia.

4. Tutto resta come prima?

RIVOLGIMENTI E RISVEGLI

Apprezziamo i classici del Bauhaus e i vini d'annata. Sogniamo un appartamento in stile liberty o una fattoria ristrutturata. Ci circondiamo di una quantità di oggetti e mobili del Biedermeier. I più *á la page* spendono un sacco di soldi per le auto d'epoca, il vintage e i lumi a petrolio realizzati secondo il modello originale. Ci piacciono le cose vecchie. Tutto ciò che è autentico, raffinato, maturo, che ha un'anima e contiene una storia gode di grande prestigio. Vecchio ed estetica, vecchio e funzionalità per noi non sono una contraddizione.

Il fascino del vecchio lo conosciamo; è ora di scoprire il fascino dell'invecchiamento. Questo capitolo offre qualche spunto di riflessione in proposito.

Un terreno inesplorato

Tra i 20 e i 30 anni, le tappe della vita erano ben delineate: concludere gli studi, trovare il grande amore, ottenere un impiego ricco di prospettive, andare a vivere insieme, sposarsi, fare carriera, costruirsi una casa, avere dei figli, crescere come coppia affiatata. Magari abbiamo tralasciato questo o quell'aspetto, altre cose ci sono riuscite al secondo o terzo tentativo, tuttavia le pietre miliari della vita salivano in maniera così nitida e univoca verso il cielo che a volte ci assaliva la dolorosa sensazione di seguire una strada battuta che non teneva in nessun conto l'individualità.

A confronto della trama univoca degli anni di formazione, gli anni del completamento che ci stanno davanti sembrano una macchia bianca sulla cartina della vita. Chi si augura qualcosa di più che restare in forma e in salute, viaggiare e giocare a golf per la seconda parte della vita, non ha a disposizione itinerari già battuti.

I saggi e i libri dedicati alla vita contengono certamente affermazioni generiche sulle fasi evolutive della parte centrale della vita. Ma gli stessi esperti criticano la scarsa concordanza presente nel contenuto dei loro studi. L'unico dato sicuro è questo: le sfide della seconda età di crescita sono più complesse rispetto a quelle della prima e raramente sfociano in risultati esteriori e immediatamente visibili. Inoltre sono contraddittorie e rappresentano un atto soggettivo di perfezionamento.

Proprio per questo la scienza offre alcuni punti di riferimento, ma la strada dobbiamo aprircela da soli. Nelle prossime pagine troverete sei proposte per altrettanti itinerari esistenziali.

Accettare i cambiamenti

Per la prima volta in vita sua, soffre di insonnia. Apre gli occhi due ore prima che suoni la sveglia. Si sente irritabile e nervoso. Affronta la giornata pieno di risentimento, torna a casa la sera più tardi del solito. « Dovresti andare dal medico. E concederti una pausa almeno nel fine settimana », gli consiglia la compagna. Lui si inalbera. « Al diavolo. Non sono ancora un vecchietto. »

Questo è senza dubbio vero. Ma dopo i 40 anni la vita non continua identica a prima ed è facile rendersene conto. È possibile reagire in due modi. Prima reazione: ignoriamo i segnali del tempo e proseguiamo imperterriti come sempre. Se necessario fino a cadere. Seconda reazione: affrontiamo le nuove sfide in maniera flessibile e intelligente. E cerchiamo di dare una risposta alle domande che ci assalgono sempre più spesso:

- Possibile che sia tutto finito?
- Dov'è andato a finire il tempo?
- Continuerò a vivere come adesso?
- Finora è stato tutto perfetto?
- Ho raggiunto i risultati che mi ero prefissato?
- I sogni di prima continuano a essere importanti per me?
- Sono felice?
- Mi piaccio come sono oggi?
- Vivo davvero come vorrei?

Sono pensieri molesti e persino inquietanti. Ci costringono a guardare negli occhi sogni irrealizzati e perdite inevitabili: che non siamo violiniste in un'orchestra, ma insegnanti di musica. Che abbiamo mandato a rotoli le promesse fatte all'altare di restare uniti finché morte non ci separi. Che non abbiamo potuto avere figli. Che i figli non vogliono più essere bambini. Che il nostro lavoro non ci gratifica. Che non siamo mai riusciti ad andarcene dalla nostra città natale. Che professionalmente abbiamo raggiunto il capolinea. Che dobbiamo confrontarci molto più spesso di prima con malattia e morte. Che gli altri non ci permettono di essere giovani come ci sentiamo. « Ha davvero pochi capelli bianchi », si meraviglia la parrucchiera a voce alta in mezzo al salone. « In basso a sinistra ci sono due colletti scoperti », diagnostica il dentista e poi guarda la nostra scheda. « Alla sua età è del tutto normale. »

Se i segni del tempo si annunciassero nell'autunno della nostra vita, verso ottobre o novembre, forse saremmo pronti al cambiamento. Invece ci colpiscono molto prima, intorno al 40esimo compleanno, in mezzo alla vita. Ci piacerebbe poter ignorare i sintomi, come si fa con le castagne, che fanno la loro comparsa nei supermercati a fine agosto, e ci fanno pensare all'autunno inoltrato e alle serate davanti al camino.

Il 40esimo, 45esimo, 50esimo compleanno arriveranno di sicuro. Non domani né dopodomani, ma a breve. Sarebbe improduttivo cercare di opporsi. È molto più sensato accettare il cambiamento e, attrezzati delle esperienze e delle risorse di mezza vita, cogliere per tempo le opportunità del futuro.

Regolare ex-novo la vita

Per fortuna la fine della giovinezza non è il principio della vecchiaia, bensì l'avvio della seconda età di crescita, l'apertura di un grande pezzo di futuro. L'inizio degli anni migliori, almeno se affrontiamo il nuovo capitolo esistenziale con coraggio e consapevolezza.

- Che cosa è più importante per me adesso?
- Che cosa è una zavorra che consuma le mie energie?
- Che cosa vorrei raggiungere, vivere, realizzare nei prossimi anni?
- Che cosa me lo impedisce?
- Che cosa non vorrei lasciarmi scappare per niente al mondo?
- Come vorrei vivere tra dieci anni?
- Come posso dare nuovi impulsi alla mia vita?

Sono i classici interrogativi che si pongono tutti intorno ai 40 anni. Per alcune persone queste riflessioni sfociano nell'impulso di lasciare il sentiero battuto e imboccarne uno ancora nuovo. Come l'assistente tecnico-sanitaria specializzata che a 41 anni si iscrive alla facoltà di medicina, che vent'anni prima non ha avuto il coraggio di affrontare. Oppure l'ingegnere meccanico che trasforma il suo hobby per la bicicletta in professione e a 52 anni crea un fiorente sito Internet per la vendita di biciclette da corsa. Conoscerete di sicuro anche voi storie come queste. Riuscire, dopo dieci anni di lavoro in casa o vent'anni di impiego a tempo pieno, a dedicarsi a ciò che per motivi più o meno validi ci si è negati per tutta la vita è uno dei tipici modelli di evoluzione di mezza età.

Vero è, tuttavia, che i tempi sono cambiati. Chi ha intorno ai 40 anni oggi, è cresciuto in un mondo del tutto diverso dalla generazione dei suoi genitori. Percorsi esistenziali predefiniti e classici modelli di ruoli hanno perso importanza, sostituiti da biografie fai-da-te e relazioni composite. Da un punto di vista statistico, i 40enni in media hanno cambiato più spesso dei loro genitori l'impiego, la residenza, i fidanzati, il colore dei capelli e magari anche il compagno.

Forse è per questo che vi sentite come me: a 40 anni non dovete spezzare nessuna catena. Avete trovato voi stessi. Vivete con la sensazione di aver realizzato quasi tutti i vostri desideri, a livello personale e professionale. Probabilmente non farete più il giro del mondo in navigazione solitaria. Dopo la voglia di sperimentare dei 20 anni e lo stress dei 30, per i vostri 40 anni desiderate equilibrio, piaceri e serenità.

> « *Ho 33 anni. Mi rendo conto che la mia pelle non è più soda come prima e che questo crea qualche problema a Hollywood. Che ironia, a quanto pare le capacità*

interpretative crescono in misura proporzionale all'appassire della bellezza.»
UMA THURMAN

Nessun problema: per dare nuovo impulso alla vita dopo i 40 anni, non c'è bisogno di cambiamenti esteriori spettacolari. Le innovazioni importanti della mezza età non si manifestano in avventure sensazionali, ma avvengono dentro di noi: quando ci prendiamo più cura del nostro corpo. Quando smettiamo di metterci in competizione con i figli. Quando diamo meno importanza al giudizio degli altri. Quando per la prima volta dopo quattordici anni di matrimonio, ci rifiutiamo di aprire i regali la vigilia di Natale dai genitori e di mangiare carpe bollite dai suoceri. Sono cambiamenti quasi impercettibili dall'esterno, ma di grande valenza interiore.

Avvicinarsi al vero io

Sono quasi dieci anni che Gerd, proprietario di una piccola ditta di attrezzature mediche, lotta per tenere in vita la sua attività. Al termine del contratto di leasing per la sua Audi A6, ordina lo stesso il modello successivo, con sedili in pelle, navigatore satellitare e motore a sei cilindri. Non può farsi vedere dai suoi clienti con un'auto inferiore. Così dice lui.

Da tre anni Eva si dedica con entusiasmo al volo col deltaplano. I genitori sono all'oscuro del suo hobby, perché lei non vuole affrontare le loro raccomandazioni e preoccupazioni.

A Dagmar piace immergersi di tanto in tanto nel mondo irreale di Charlotte Link e Rosamunde Pilcher, ma da quando vive con Kurt ha rinunciato a questo piacere. Il laureato in storia dell'arte disprezza le letture rosa.

Gerd, Eva e Dagmar, tutti 40enni, si trovano nel bel mezzo della vita, ma continuano a fare i bravi bambini: per fare bella figura, prendono decisioni economicamente svantaggiose, tengono nascosta una parte importante della loro vita, rinunciano docilmente a divertirsi e rilassarsi. Per essere amati, desiderati o ammirati, interpretano i ruoli di imprenditore di successo, figlia assennata e compagna istruita.

Il compromesso tra i desideri personali e le esigenze di altri ci è tornato utile nell'infanzia e nei primi anni di crescita: in famiglia era apprezzato chi era ubbidiente, a scuola era ricompensato chi studiava, nel lavoro era ammirato chi si sforzava e si adattava. Questa lezione ci accompagna anche dopo. Per non farci giudicare negativamente, nascondiamo le nostre « ombre », neghiamo gli aspetti scomodi della nostra personalità e arrivati a metà strada siamo ormai dei campioni nel mettere in mostra solo i lati migliori di noi.

Purtroppo, il gioco di ruoli che a 40 anni padroneggiamo ormai da veri professionisti, risulta piuttosto d'ostacolo per il nostro sviluppo nella seconda metà della vita. Laddove nella prima età della crescita dovevamo affrontare il compito di trovare il nostro posto nella società, dopo i 40 anni sarebbe arrivato il momento di avvicinarci alla nostra vera essenza. E questo obiettivo si può raggiungere soltanto lasciandoci alle spalle i vecchi ruoli e le maschere di un tempo. Questo richiede più sincerità e meno cura dell'immagine: « Quest'anno vogliamo aumentare il nostro budget per la ricerca, per questo seguiamo una severa politica di risparmio ». « Mi spiace davvero che tu ti preoccupi per me, ma vorrei che tu sapessi che volare significa molto per me ». « Lo so che i romanzi rosa descrivono un mondo irreale. È proprio per questo che mi piacciono ».

Dare voce in maniera tanto naturale e decisa ai vostri problemi, desideri e debolezze, comporta un certo rischio: perdere il riconoscimento di chi apprezza in voi solo la donna dei sogni o il superuomo. Ma personalmente non perdiamo molto allontanandoci da chi ci desidera solo se siamo perfetti. E professionalmente a 40 anni abbiamo già dato tanto che possiamo permetterci di mostrare al mondo una versione della nostra personalità diversa dalla variante scattante e malleabile. Ecco qualche consiglio che può aiutarvi a liberarvi dalla facciata protettiva.

Nuotate controcorrente

Che cosa dirà la gente? Per fortuna questa domanda non è molto frequente tra le persone della nostra generazione. Ma qualcuna di queste frasi regna di sicuro anche nella vostra vita.

Non posso pretendere che...
Non posso caricare X di questo...
Non c'è bisogno che si sappia che...
È colpa mia se...
Devo farmi vedere.
Non è adeguato alla mia posizione.
Non si può fare.
Questo non va.

Affermazioni di questo genere vi mostrano dove sostituite il vostro giudizio con un metro di misura altrui.

Esprimete in modo amichevole quello che vi fa arrabbiare, vi ferisce o vi spaventa

Chiedete aiuto quando vi serve. Comunicate agli altri i vostri desideri. Non tenete avvolti nell'ovatta partner, figli, genitori e colleghi. Mostrate le vostre emozioni. Ammettete le vostre debolezze senza esitazioni. « È vero, oggi sono di cattivo umore.» Dite quando la misura è colma per voi. In un primo momento la vostra schiettezza potrà spiazzare gli altri, ma se vi abituate a prendere una posizione chiara, avrete la possibilità di essere riconosciuti e accettati per come siete veramente.

Esserci per gli altri e l'altro

«Mi confidi il segreto di come è arrivata dove si trova oggi», chiede durante la pausa caffè un'allieva di un seminario sulla creatività all'insegnante 44enne, fondatrice di un'agenzia pubblicitaria considerata al primo posto nella sua regione. «Io studio scienza della comunicazione e cerco invano da mesi un posto di praticantato adeguato.» L'imprenditrice ha un momento di esitazione. Deve fare colpo sulla giovane allieva con la versione purgata e senza grinze della storia della sua vita? Oppure deve rivelare qualcosa degli errori e del caos della sua biografia? L'infruttuosa laurea in germanistica. I due anni come addetta all'ufficio reclami, dove si guadagnava da vivere scrivendo lettere garbate ai clienti insoddisfatti per tenerli buoni. Gli articoli su argomenti vari, scritti durante gli anni di studio per il giornale locale. Il colpo di fortuna di un amico che la incaricò di scrivere i testi per il sito web della sua società... veramente, vista la notorietà raggiunta, non aveva bisogno di abbellire la propria immagine. «È una lunga storia. Vogliamo parlarne a pranzo?»

Se fino ai 35-40 anni le necessità personali, le vicende famigliari, la lotta per il successo rappresentano gli aspetti fondamentali della vita per la maggior parte di noi, all'inizio della seconda metà della vita comincia ad assumere maggiore rilevanza l'impegno per gli altri e per l'altro. Lo psicologo evolutivo Erik Erikson ha definito con il termine « generatività » questo cruciale impegno psicologico degli anni centrali (dal latino *generare*). Erikson lo riferiva in primo luogo all'impulso di *generare* e accudire la prole.

Con il passare del tempo, il termine ha assunto una valenza più ampia e ora comprende tutte quelle attività generative che vanno al di là del soggetto e del suo tempo. Quindi non soltanto mettere al mondo una nuova vita, ma anche sviluppare nuove idee, tramandare conoscenze, assumere responsabilità, creare qualcosa di durevole nel tempo: un giardino, una fondazione, un film, un'opera d'arte.

Un comportamento generativo amplia gli orizzonti, risveglia nuove energie, rinforza l'autostima e protegge da inclinazioni depressive. A partire dai 40 anni, quando la vita comincia a perdere il suo valore di novità, ci evita di stagnare e di restare a bagno nel nostro brodo. Gli psicologi americani Dan P. McAdams, Holly M. Hart e Shadd Maruna sostengono addirittura che se esistesse una ricetta per trovare il benessere psichico nella seconda metà della vita, la generatività sarebbe l'ingrediente principale.

Esistono molteplici possibilità di agire in maniera generativa: donare il sangue, offrirsi per dare ripetizioni, fondare una società, portare con sé un tesserino di donatore di organi, dipingere, scrivere, fotografare, fare beneficenza per una buona causa, cantare in un coro, prestare ascolto ai problemi, mostrare coraggio civile, custodire le tradizioni, fungere da mentore, preparare un nuovo collaboratore, restaurare un vecchio mobile, scrivere un diario, impegnarsi in politica, condividere le proprie conoscenze, sostenere i propri valori – anche se non saremo ben visti, non approfittare più del dovuto dei sistemi di solidarietà, salvaguardare l'ambiente.

La generatività è un ottimo modo per crescere al di

fuori di se stessi e della propria famiglia. Ma non è un viaggio dell'ego. E neppure un lasciapassare per offrire aiuto, opinioni e magari anche insegnamenti dove nessuno ce li ha chiesti. Il nostro impegno deve cessare non appena diventa di ostacolo all'evoluzione altrui. Agire in maniera generativa significa pertanto non solo impegnarsi, ma sapere anche quando tirarsi indietro.

Ampliare il repertorio emotivo

Uomini e donne presentano fin dalla nascita ormoni e geni caratteristici del sesso opposto. A partire dalla pubertà e fino alla soglia dei 40 anni, tuttavia, il patrimonio ormonale e la realtà sociale stimolano le donne a sviluppare in prevalenza la parte femminile della loro personalità e gli uomini quella maschile. La maggior parte delle persone fatica a staccarsi da questi modelli predefiniti, a dispetto degli impulsi alla parità.

Nonostante gli sforzi che tutti compiamo per rompere i modelli di ruolo tradizionali, le statistiche dimostrano che al più tardi dopo la nascita del primo figlio, la maggior parte dei lavori domestici ricade sulle spalle delle donne, mentre gli uomini passano più tempo, anziché meno, in ufficio. Il fenomeno è comprovato anche in ambito evoluzionistico, visto che entrambi i genitori assumono il loro ruolo specifico nell'accoppiamento, nella cova e nella costruzione del nido. Per metà della nostra vita abbiamo avuto iscritti nel nostro corpo i ruoli di maschio pragmatico e deciso, o di femmina premurosa – indipendentemente dalle altre doti che possiamo sviluppare. Se non ci credete: nella vostra famiglia chi si occupa di acquistare il lievito o il detersivo per la lana quando sono terminati, chi decide il menu di Natale, chi prende gli appuntamenti dall'ortopedico o dall'oculista? Appunto. La natura non getta alle ortiche principi preservati per migliaia di anni, solo perché ultimamente quelli di Marte sanno cucinare benissimo e quelle di Venere sono molto abili nelle trattative d'affari.

Soltanto intorno alla metà della vita, quando i compiti biologici sono stati in larga misura assolti, la natura ci dà il via libera: a partire dai 40 anni le donne producono meno estrogeni femminili, mentre aumenta la presenza relativa dell'ormone maschile testosterone. Negli uomini, al contrario, il testosterone diminuisce gradualmente, mentre gli estrogeni acquistano importanza.

In ogni caso, gli uomini continuano ad avere un livel-

Avete un comportamento strumentale se...	**Avete un comportamento espressivo se...**
Investite nella vostra pensione di vecchiaia. Prendete in mano qualcosa. Lottate per le vostre convinzioni. Esigete un aumento di stipendio, un onorario più elevato. Parlate invece di ascoltare. Curate i contatti. Leggete il quotidiano economico al posto di Rosamunde Pilcher. Approfondite il vostro interesse per la politica e l'economia.	Investite nella salute. Abbracciate qualcuno. Avete un atteggiamento più remissivo. Collaborate invece di competere. Riflettete invece di aggredire. Incontrate gli amici. Leggete letteratura al posto del quotidiano economico. Sviluppate amore per l'arte e la natura.

lo di testosterone in media dieci volte superiore a quello delle donne. Il cambiamento ormonale, tuttavia, provoca un avvicinamento emotivo e razionale tra uomini e donne. Grazie al diverso rapporto tra gli ormoni, ci ritroviamo proprio con le caratteristiche dell'altro sesso che negli anni precedenti ci mancavano, oppure avevamo allenato faticosamente alle superiori o all'università.

Le donne sviluppano una maggiore *strumentalità*: sono più coraggiose, sicure di sé e decise.

Gli uomini sviluppano maggiore *espressività*: diventano più sensibili, premurosi e comunicativi.

Se non interveniamo nel processo con l'assunzione di ormoni, nella seconda metà della vita la natura ci aiuta a trovare un equilibrio migliore di prima tra il lato femminile e quello maschile dentro di noi. Il nostro modo di pensare e di sentire acquista così nuove sfumature.

Diventare una donna completa, un uomo completo

È ovvio che dobbiamo anche volere e sostenere questo sviluppo. Chi finora ha definito se stesso quasi esclusivamente attraverso l'aspetto fisico, la carriera o i figli, fatica non poco a considerare come arricchimento i cambiamenti psichici e ormonali degli anni centrali. Gli uomini temono di apparire poco virili se nella seconda metà della vita si mostrano meno affamati di protagonismo. Le donne sono tormentate dal pensiero di essere ritenute meno femminili, se sviluppano più coraggio, più intelligenza e più aggressività.

Sono paure infondate. I cambiamenti ormonali non cambiano quello che siamo in sostanza. Al contrario ci arricchiscono, ci completano di quei lati che ancora ci mancavano. Impariamo sempre meglio a conciliare gli opposti in noi, a essere razionali ed emotivi, comprensivi e nel contempo decisi, rivolti sia al nostro benessere sia a quello altrui.

Donne e uomini che, a partire dai 40 anni, sviluppano una personalità equilibrata, con lati marcatamente espressivi *e* strumentali, hanno una vita più intensa, sana e interessante. Non solo negli anni migliori, ma anche nella vecchiaia inoltrata.

- La giornalista Gail Sheehy ha scoperto che gli uomini che oltrepassano i limiti di ciò che è considerato maschile sono più aperti a nuove esperienze e si sentono meglio dei coetanei tradizionali.
- In uno studio dedicato alla vita fisica nella menopausa, la psicologa berlinese Beate Schultz-Zehden ha constatato che le donne in cui espressività e strumentalità erano in equilibrio possedevano una maggiore autostima e non accusavano alcun disturbo legato alla menopausa.
- La gerontologa Pasqualina Perrig-Chiello ha dimostrato che le donne che, negli anni migliori, conducevano una vita attiva con obiettivi specifici, arrivate a 75 anni erano più sane, rilassate e consapevoli di sé rispetto alle donne rimaste legate per tutta la vita a modelli comportamentali femminili.

5. Operazione bellezza

RUGHE, FITNESS E LIFTING

« Qui nel tuo regno, o mia regina, la più bella sei tu. Ma là dai nani, oltre la collina, Biancaneve lo è molto di più. » Da piccola mi sembrava la quintessenza del male, la vecchia regina vanitosa e cattiva che invidiava all'innocente Biancaneve la sua freschezza in fiore. Ora che è passato del tempo, la favola suscita in me altre riflessioni. Da quando ho bisogno del correttore sotto gli occhi e di tingermi i capelli per avere un bell'aspetto, provo una profonda simpatia per la regina che, tutt'altro che vecchia, viene messa in ombra da una ragazzina con l'ombelico di fuori.

Trovarci in mezzo alla vita crea in noi una insolita dicotomia: da un lato non è mai stato bello come ora avere più di 40 anni. Perché quando ci guardiamo, eleganti e, ammesso di aver dormito abbastanza, piene di energie, verrebbe da pensare che la nostra generazione è riuscita a realizzare un vecchio adagio popolare: la bellezza non dipende dall'età.

D'altro canto, però, siamo circondati da troppe raffinate bellezze di nuova generazione e da troppe vamp di professione digitalmente perfezionate per poterci sottrarre alla constatazione che, se da una parte ci siamo mantenute indubbiamente meglio delle generazioni precedenti, abbiamo dovuto anche raggiungere canoni estetici ben superiori, per mantenerci in gara professionalmente e nell'amore. Nella nostra società, tagliata su misura della giovinezza, le palpebre cascanti sono out quanto un sedere flaccido. Persino la Kukident si fa pubblicità con modelli che non dimostrano più di 40 anni.

Per questo non ci siamo affatto lasciati alle spalle il tema bellezza. Al contrario: ci impegna più di prima.

I fatti nudi e crudi

Non facciamoci illusioni: l'apice fisico della vita si raggiunge intorno ai 20 anni. Poi comincia la discesa biologica, più o meno veloce. Al più tardi intorno alla trentina, cominciamo a scoprire i primi segni evidenti del tempo: piccole rughe, un po' di grasso in più, qualche muscolo in meno, minori energie. Secondo una popolare rivista femminile, il 60 per cento delle donne di questa fascia d'età si interessano già al tema antietà.

L'invecchiamento comunque è ancora clemente con noi: fino a 40-45 anni, il corpo continua a funzionare senza intoppi. In questo modo viene assicurata la conservazione della specie; per l'evoluzione non c'è più motivo di restare giovani, belli e robusti. A partire dai 45 anni al più tardi, dobbiamo ammetterlo: sembriamo più vecchi di prima. Non necessariamente peggiori. Ma di sicuro meno tonici e freschi. La colpa è principalmente degli ormoni e dei radicali liberi.

La fonte della giovinezza si prosciuga

Gli ormoni sono i messaggeri della vita. Sono imprescindibili per il benessere fisico, un efficace sistema immunitario e per il rinnovamento cellulare, vale a dire tutto ciò che rende giovani. A partire dai 25 anni, la produzione di ormoni comincia a rallentare, dapprima piano, poi sempre più velocemente. I 40-45enni producono significativamente meno ormoni sessuali, melatonina, DHEA e ormone della crescita rispetto ai più giovani. Gli effetti sono noti: la pelle diventa più sottile, i muscoli si rilasciano, il ventre si arrotonda, l'umore peggiora. In ogni caso, lo sport, il riposo e un'alimentazione sana mantengono soddisfacente la produzione di ormoni in maniera naturale. L'influsso degli ormoni sulla bellezza è talmente grande che il nostro stato ormonale in pratica ci si legge sul viso.

In uno studio dell'università di Erlangen, un gruppo di osservatori neutrali dovevano valutare l'età di un centinaio di donne tra i 35 e i 55 anni. Il risultato: più era elevato il quadro ormonale, più giovani erano giudicate le donne. Al contrario, se il valore degli ormoni era inferiore alla media, le donne dimostravano fino a otto anni più della loro età.

Una ricerca analoga è stata pubblicata dalla rivista *Lancet*. Questa volta erano le donne che dovevano giudicare la bellezza maschile. Il risultato: tutte le partecipanti hanno trovato più attraenti gli uomini con un livello di testosterone superiore. Questo ormone è responsabile tra l'altro di lineamenti più marcati e di una voce più sonora.

I fattori di invecchiamento prendono il sopravvento

Con la diminuzione degli ormoni che mantengono giovani, a partire dai 40 anni, le nostre cellule e i nostri tessuti sono sottoposti all'attacco dei radicali liberi. Ogni cellula in media viene aggredita diecimila volte al giorno. La presenza di particolari enzimi destinati a catturare questi radicali permette al nostro corpo di combattere le molecole aggressive e di riparare le cellule danneggiate, ma con l'età questo meccanismo di rinnovamento si indebolisce. La conseguenza è la comparsa di precoci segni di invecchiamento.

> «*Tutte le donne che sostengono di non essere turbate dall'invecchiamento, mentono.*»
> CATHERINE DENEUVE

Per fortuna non dobbiamo assistere del tutto inermi al nostro declino. Una parte dei radicali liberi, infatti, dipende dal nostro stile di vita. Il fumo, l'esposizione al sole, lo stress, il consumo di alcol o di cibi raffinati aumenta la produzione di radicali liberi. Sta a noi decidere in che misura permetterlo.

Un valido aiuto contro i radicali liberi deriva dall'assunzione di antiossidanti con l'alimentazione. Si tratta di intercettori che catturano i radicali liberi e li rendono innocui. Tra i principali antiossidanti ci sono le vitamine A, C, E e il beta-carotene, i minerali selenio, rame e zinco, flavonidi naturali e il coenzima Q10. chi segue un'alimentazione bilanciata in genere assume una quantità sufficiente di antiossidanti. Preferite varietà di frutta e verdura rosse, gialle, arancioni o verde scuro; anche granaglie, noci, cereali, derivati della soia, tè, vino rosso e cioccolata fondente sono ottime fonti di antiossidanti. Un consiglio: due tazze di tè verde al giorno contengono una quantità di antiossidanti pari a quattro mele.

La bellezza ripaga

Bisogna ammettere che non siamo mai stati in piena armonia con il nostro corpo: la pelle troppo grassa, il naso troppo pronunciato, i capelli troppo ribelli, i polpacci troppo sportivi, l'impegno per la manutenzione enorme. Almeno per metà della loro vita le 40enni hanno fonato e tonificato, tirato e allenato, spalmato e digiunato per apparire belle, attraenti e desiderabili.

Ma la lotta per un bell'aspetto ormai da tempo non è più riservata esclusivamente al « sesso debole ». Anche gli uomini con gli anni investono sempre più tempo e denaro in miscele vitaminiche, tinture per capelli e allenamento per l'addome piatto. Se all'inizio degli anni Settanta un buon 80 per cento di uomini era soddisfatto del proprio aspetto, oggi la percentuale si è dimezzata. Un terzo di tutti gli interventi di chirurgia plastica riguarda gli uomini, e di questo il 45 per cento interessa i 40enni. In cima all'elenco ci sono liposuzione e asportazione dei sacchi lacrimali.

La danza per la bellezza ha una sua giustificazione: nella nostra società dell'immagine, l'aspetto fisico è un capitale irrinunciabile, nella vita privata come in quella professionale. La causa è rappresentata dal cosiddetto *stereotipo dell'attrattiva*, quel nimbo che ascriviamo ai belli, in forma e giovani.

Molte ricerche lo dimostrano; le persone esteticamente gradevoli risultano più felici, sensibili, interessanti, flessibili, amichevoli ed equilibrate di quelle meno appariscenti. Nel lavoro questa valutazione soggettiva si riflette in moneta sonante: gli uomini di bell'aspetto guadagnano in media il 15 per cento e le donne l'11 per cento in più rispetto ai colleghi parimenti qualificati ma meno gradevoli esteticamente. Secondo il professore ed esperto di bellezza britannico Arthur Marwick, bisogna risalire al Rinascimento per trovare un'analoga importanza dell'aspetto esteriore per il successo personale.

Chi non possiede i requisiti esteriori richiesti dallo stile, chi è troppo grasso, troppo basso, poco appariscente, privo di stile, troppo *vecchio*, ottiene minore attenzione e meno denaro. Si tratta di una stima superficiale, ovviamente, ma dovunque sia importante l'impressione iniziale, l'aspetto esteriore è il biglietto d'ingresso. È l'unico modo per assicurarsi che gli altri si interessino anche dei valori più nascosti di una persona.

La perdita della bellezza giovanile, pertanto, non danneggia soltanto la sensibilità estetica. La pelle lucida e la figura flaccida fanno perdere anche l'accesso gratuito nel regno delle persone di successo, richieste e desiderate. Gli unici a essere immuni sono i politici di alto livello e i top manager, che non devono essere piacevoli esteticamente, ma soprattutto dare un'impressione di virilità. Questo vale anche per le donne, che aspirano a salire ai massimi livelli in politica e in economia.

Tutto è fattibile

La bellezza non è un aspetto necessario della vita, ma un accessorio. La salute è più importante della bellezza. La vera bellezza viene da dentro. Sì, sì, sì. Ciò nonostante è deprimente vedere come il nostro corpo lentamente si sgretola, constatare come l'aspetto esteriore non corrisponde più automaticamente alla vita interiore, sapere che la ruga tra le sopracciglia, la pelle grinzosa tra le dita, le borse sotto gli occhi che si affaticano troppo in fretta non andranno più via.

Anche chi si è sempre affidato a una generica crema idratante e a un velo di cipria sul viso naturalmente abbronzato, a partire dai 40 comincia a chiedersi se non ci sia qualcosa di vero nelle formule miracolose offerte dall'industria cosmetica, dalle cliniche di bellezza, dai manuali sportivi e dai centri benessere: *Per una forma perfetta. Stop alle rughe. Visibilmente giovani.*

La bellezza è fattibile e chi non partecipa lo fa per sua scelta, suggeriscono pubblicità, media e la ginecologa fresca di specializzazione in antietà. Mezzi per far tornare indietro l'orologio biologico ce ne sono ormai più che a sufficienza: prodotti antietà testati clinicamente per viso, collo e mani, estratti di caviale, fitormoni ed essenza di neroli, yoga dinamico e ginnastica per glutei-addome-gambe, linfodrenaggio e meditazione, correzione delle palpebre, distensione della fronte e liposuzione. A partire dai 40, la bellezza cessa di essere in primo luogo una questione di geni e diventa il risultato di soldi e tempo, passione e modus vivendi.

La bellezza ha il suo prezzo

La frequenza annuale in un centro di fitness medio può costare tra 400 e 800 euro. Un trattamento facciale dall'estetista arriva tranquillamente a 60 euro. La crema da notte antirughe con Q10 della Nivea si compra con circa 14 euro. Per la Formula Uno dei prodotti antietà, Sensai EX La Crème di Kanebo, bisogna investire quasi 400 euro. Secondo la rivista «Vogue» la scatoletta color oro viene venduta soltanto in Germania ben 4500 volte all'anno. Un massaggio cinese per alleviare le tensioni costa 50 euro, una confezione di alghe per tonificare la pelle 45 euro. Il prezzo di una iniezione di Botox può variare tra 150 e 500 euro, con un'efficacia di sei mesi circa. Per una seduta di lipofilling, ovvero un'iniezione sottocutanea con proprie cellule adipose, dovete sborsare almeno 1500 euro. Il risultato è assicurato per qualche anno.

La bellezza ha il suo prezzo, ma questo non deve scoraggiarvi. La cosa più importante per un bell'aspetto esteriore è uno stile di vita consapevole: non fumare, mangiare in modo sano e bere pochi alcolici richiede disciplina, ma non costa niente. Esistono molti altri interventi di bellezza di questo tipo:

- Evitate il sovrappeso. Importante: a partire dai 40 anni, il corpo ha bisogno di meno calorie.
- Fate movimento ogni giorno: bicicletta, pattini, corsa, passeggiare o sollevamento pesi hanno un ottimo effetto e costano poco.
- Ogni giorno bevete almeno due litri d'acqua o di infuso di erbe. La regola la conoscono in tanti. La pratica la seguono in pochi.
- Dormite 7-8 ore per notte. La pelle ha così il tempo di rigenerarsi dai danni subiti durante il giorno per effetto dei raggi UV, l'inquinamento, lo stress o il fumo.
- Due o tre volte la settimana rinunciate alla cena. «Dinner Cancelling» – niente cibo dopo le 17 – è una delle formule magiche per ringiovanire. Il digiuno serale favorisce il sonno e di conseguenza il corpo si rigenera meglio e la produzione notturna di melatonina e ormoni della crescita aumenta.
- Esponetevi il meno possibile al sole, evitate i centri di abbronzatura.
- Imparate una tecnica di rilassamento.
- Concedetevi un bagno di benessere in casa con foglie di tè, musica rilassante, succo di frutta fresco e un accappatoio caldo.
- Curate la pelle di viso, collo e décolleté con una crema antirughe all'enzima Q10. Prima di scegliere il prodotto, ricordate che non sempre quelli più costosi sono più efficaci di altri più convenienti.

Bellezza misurabile non significa bellezza visibile

Sono considerati la nuova generazione di complessi attivi contro l'invecchiamento epidermico. Hanno un intenso effetto tonificante e un visibile effetto lifting. Promettono la distensione anche delle rughe più profonde in un mese. Si chiamano Supra Sérum Haute Exigence o Age Fitness Nuit o Crème Restructurante Anti-Rides e mi piacerebbe tanto credere alla loro miracolosa efficacia. Ma finora nessuno di questi costosissimi prodotti antietà è riuscito a spianare le rughe che, anche con la migliore volontà, possono essere definite al massimo come rughette. L'unica cosa che ha migliorato il suo aspetto, grazie alle raffinate confezioni, è stato il mio bagno.

I test condotti dalla associazione tedesca dei consumatori confermano l'impressione soggettiva: le creme antietà sono ottime per la cura di viso e collo, ma non mantengono le promesse. Persino le migliori del test (Eucerin, Helena Rubinstein e Nivea Vital) distendono la pelle soltanto di microfrazioni di millimetro. L'effetto è così impercettibile che non risulta visibile a occhio nudo, ma può essere misurato al massimo con il computer e il microscopio.

Per questo gli esperti vedono l'importanza delle creme antietà principalmente nel fattore prevenzione: sostanze come il coenzima Q10 o il retinolo proteggono la pelle dai radicali liberi e possono ritardare leggermente l'invecchiamento epidermico. I prodotti costosi hanno anche un effetto placebo: rendono più vicine le illusioni e aumentano l'autostima. Una donna su tre nel test si sentiva ringiovanita se utilizzava – o credeva di utilizzare – un prodotto antietà.

La bellezza costa tempo

Secondo uno studio della casa cosmetica Clinique, la donna americana media impiega poco più di un quarto d'ora per la toeletta del mattino e dieci minuti buoni per la cura serale della pelle. Con gli anni il tempo impiegato aumenta: l'applicazione della crema contorno occhi, del correttore, maschera idratante, la depilazione dei peli superflui, il trattamento dei brufoli che a 40 anni tornano a esplodere come a 13 allungano il programma di cura.

Se poi si volesse mettere in pratica almeno un frammento dei suggerimenti e dei trucchi antietà, la vita autentica resterebbe del tutto tagliata fuori. Senza fatica riusciremmo a riempire le ore della nostra giornata con analisi ormonali e tinta, allenamento e meditazione, ginnastica facciale e massaggio integrale. E questo non a partire dai 60 anni. Chi vuole restare bello a lungo, su questo gli esperti concordano, deve iniziare per tempo a curare il corpo nel modo giusto.

Per fortuna è possibile fare qualcosa senza spreco di energie: il digiuno serale. Allenamento della volontà e della tenacia davanti alla TV oppure ascoltando musica. Andare in bicicletta in ufficio, a fare la spesa, al bar. Allenamento minimo come salire le scale oppure correre dietro l'autobus. Il sesso. Ridere – pare che sia efficace quanto mezzora di esercizi di rilassamento. Per non dimenticare le cose fondamentali: niente fumo, niente sole, poco alcol.

Distesi e levigati

Movimento, dieta mediterranea, cura del viso, rilassamento e ragionevole protezione dal sole possono fare molto. Ma nemmeno uno stile di vita consapevole assicura bellezza perfetta e giovinezza eterna. Chi, dopo i 40 anni, desidera una pelle liscia e regolare deve ricorrere a levigature, incisioni o iniezioni sottocutanee. Una parte di questi trattamenti si esegue senza bisturi né anestesia con un paio di appuntamenti. Per questo le tecniche di ringiovanimento cutaneo non invasive sono diventate per molti un'autentica droga. Il vantaggio rispetto agli interventi chirurgici veri e propri è che, se il trattamento si conclude senza complicazioni, l'aspetto generale non cambia, ma il soggetto risulta leggermente ringiovanito e più fresco. Ecco alcuni dei procedimenti più comuni.

Iniezioni di Botox – La tossina del botulino A, abbreviata in Botox, blocca le contrazioni muscolari che sono la causa delle piccole rughe. La sostanza, altamente tossica, viene iniettata in minime quantità nella muscolatura e dopo qualche giorno i muscoli perdono forza e le rughe si spianano. Negli Stati Uniti le iniezioni di Botox sono al primo posto tra gli interventi estetici non chirurgici. Rispetto al 1997 hanno avuto un aumento incredibile del 2400 per cento. *Effetto*: usato in particolare per le rughe di fronte, occhi e radice del naso. Le rughe più profonde devono essere riempite, per esempio con collagene o acido ialuronico. *Durata*: da 3 a 6 mesi. Il trattamento può essere ripetuto a piacere. *Difetti*: l'indebolimento della muscolatura provoca una limitazione della mimica facciale. In rari casi la tossina blocca altri muscoli, causando un lieve abbassamento delle sopracciglia o delle palpebre. L'aspetto più negativo è che non esistono ricerche circa gli effetti a lungo termine del botulino sull'organismo. *Effetti collaterali positivi*: a lungo andare i muscoli « disimparano » a contrarsi e dopo un po' di tempo le iniezioni diventano superflue. A volte le iniezioni di Botox aiutano anche a lenire le emicranie.

Collagene, filler – Le fibre di collagene sono una componente importante della pelle. Quando perdono l'elasticità giovanile, compaiono le rughe e la pelle ha un aspetto meno tonico ed elastico. Per il riempimento si utilizza collagene ricavato dalla pelle di bue che il medico inietta sotto i punti da correggere con una sottile siringa. *Effetto*: distende le rughe di espressione, per esempio le rughe di rabbia sulla fronte, le increspature intorno alla bocca, le rughe naso-labiali, ma anche le cicatrici profonde. *Durata*: da 4 a 6 mesi. Per un effetto duraturo bisogna ricorrere all'impianto di collagene artificiale, come ad esempio il preparato Artecoll. *Difetti*: prima del trattamento è consigliabile eseguire un test di allergia. Il trattamento con Artecoll può provocare in qualche caso la formazione di granulomi.

Acido ialuronico – Come il collagene, è una sostanza propria dell'organismo. Lega l'acqua e riempie gli spazi tra le fibre di collagene. Con gli anni la produzione di acido ialuronico diminuisce. Anche questa sostanza viene iniettata come il collagene e non sono noti casi di allergia. *Effetto*: liscia le rughe sulla fronte, intorno agli occhi e intorno alla bocca. *Durata*: circa 6 mesi. Il trattamento può essere ripetuto a piacere. Un effetto duraturo è garantito dall'acido ialuronico di derivazione sintetica, il Dermalive. In caso di intolleranza, tuttavia, è difficile asportare le particelle sospese in un liquido.

Peeling chimico – Si effettua con sostanze corrosive come l'acido glicolico o l'acido tricloroacetico. Vengono applicate sulla pelle in forma diluita e sciolgono lo strato superficiale e in parte anche quello sottostante dell'epidermide. Le cellule vengono così stimolate a produrre una pelle nuova e più liscia. *Effetto*: i peeling servono per correggere la pelle a grana grossa, eliminare comedoni, piccole rughe, danni solari, macchie dell'età e in certi casi anche piccole cicatrici. *Difetti*: dopo il trattamento possono svilupparsi infiammazioni e infezioni della cute. Per evitare problemi di pigmentazione e cicatrizzazione, la pelle non va esposta al sole per diversi mesi.

Dermabrasione – Lo strato più superficiale della pelle viene levigato con un disco di diamante ad alta velocità, oppure asportato con una specie di sabbiatura a base di cristalli di sale in anestesia locale. Ricresce una pelle giovane e liscia. *Effetto*: scompaiono cicatrici da acne e varicella, piccole rughe e macchie pigmentate. *Durata*: da 2 a 3 anni. *Difetti*: dopo il trattamento la pelle è molto arrossata e non va esposta al sole per diversi mesi. Un intervento troppo aggressivo può causare cicatrici o infezioni.

Laser resurfacing – Con questa tecnica, che utilizza un laser CO2 pulsato, si esegue un'asportazione strato per strato dell'epidermide esterna. Nello stesso tempo si provoca il cosiddetto effetto *shrinking*, che attiva il collagene responsabile dell'elasticità cutanea. Il trattamento laser lascia una specie di escoriazione sulla pelle sulla quale si forma una crosta che cade dopo 4-7 giorni, scoprendo un nuovo strato di pelle fresco e liscio. *Effetto*: elimina le piccole rughe intorno alla bocca, zampe di gallina, macchie pigmentate, cicatrici e tatuaggi. *Durata*: da 3 a 5 anni. *Difetti*: dopo il trattamento le zone interessate sono lesionate e soggette a infezioni. Nei mesi successivi non ci si può esporre al sole né utilizzare creme autoabbronzanti.

Chi bella vuole apparire un po' deve soffrire

I cosiddetti interventi morbidi per il ringiovanimento cutaneo non sono affatto tali. Ma chi si rivolge a un dermatologo o a un neurologo e segue scrupolosamente le indicazioni post-intervento, corre rischi minimi. L'unico difetto è che i trattamenti non invasivi hanno una durata limitata: per un certo periodo il viso appare più giovane, liscio e rilassato. Tuttavia laser e iniezioni possono ben poco contro le leggi di gravità e le conseguenze dell'indebolimento muscolare legato all'età. Chi desidera ritrovare l'ovale del viso, il turgore del seno e la magrezza delle cosce di un tempo, deve versare sangue. Anche economicamente. Un sondaggio dell'istituto demoscopico Forsa commissionato dalla rivista tedesca *Journal für die Frau* ha rilevato che il 74 per cento delle donne tra i 30 e i 44 anni e il 60 per cento di quelle tra i 45 e i 59 anni sono pronte a farlo.

Liposuzione – Come dice il termine, si tratta dell'aspirazione del grasso in eccesso in zone critiche come cosce, addome, mento e collo, ginocchia e caviglie e per gli uomini petto. Con un procedimento di tumescenza considerato particolarmente delicato, vengono iniettati nelle zone da trattare diversi litri di una soluzione di sale da cucina mescolato a un anestetico locale e a un vasocostrittore. Il tessuto adiposo si ammorbidisce e viene aspirato con microcannule. Dopo l'intervento il paziente deve portare per diverse settimane guaine contenitive per aiutare la pelle ad adattarsi alla nuova forma. *Effetto*: la liposuzione modifica la forma del corpo, ma non è un metodo per perdere peso. Il risultato è migliore quanti più chili si sono persi in precedenza con i metodi tradizionali. *Difetti*: la liposuzione è un intervento invasivo. Non si possono pertanto escludere trombosi, embolie, infezioni ed emorragie. Se il grasso non è stato asportato in maniera omogenea, possono formarsi gobbe.

Blefaroplastica – La minore elasticità della pelle si manifesta particolarmente nella zona degli occhi. Una correzione della palpebra superiore o inferiore si effettua in anestesia locale o totale per asportare i tessuti epidermici, muscolari o adiposi in eccesso. *Effetto*: le palpebre riacquistano elasticità e tono. *Difetti*: le complicazioni sono rare, ma possono verificarsi come per ogni intervento chirurgico.

« Abito a New York, la città dove è consentito tutto, persino che una 45enne esca di casa senza rossetto. »
HOLLY HUNTER

Facelift – A prescindere dalle mani, le zone che rivelano più chiaramente l'età sono il mento, il collo e gli occhi. A volte quindi è sufficiente un lifting in una sola di queste zone, il cosiddetto mini-facelift. La regola tuttavia è un lifting facciale che comprende tempie, guance e collo. Si praticano piccole incisioni all'attaccatura dei capelli o del padiglione auricolare che dopo l'intervento restano visibili solo al microscopio. Nel classico lifting doppio strato si separa lo strato epidermico superficiale dal derma, si distendono entrambi separatamente, si rincollano con una sostanza speciale e infine si ricuciono. Spesso l'intervento è unito a piccole liposuzioni e a una correzione delle palpebre. Il lifting frontale utilizza tecniche endoscopiche per limitare al massimo le cicatrici. *Effetto*: un lifting riuscito assicura un ringiovanimento visivo di dieci anni. *Difetti*: effetti collaterali tipici sono senso di tensione, gonfiori, versamenti o torpore della parte che recedono nel giro di due-tre settimane. Il risultato finale compare a volte dopo qualche mese. Non è da escludere un cambiamento della fisionomia.

Plastica al seno – Con gli anni la qualità dei tessuti connettivi si deteriora. Inoltre, le possibili variazioni di volume causate da una diminuzione dei tessuti ghiandolari e adiposi fanno sì che il mantello epidermico diventi eccessivo. L'intervento al seno dura all'incirca due ore e prevede l'asportazione della pelle in eccesso con il conseguente ritorno in posizione alta del capezzolo. *Difetti*: la qualità delle cicatrici è geneticamente dipendente e non può essere prevista. *Suggerimento*: prima dell'operazione è consigliabile eseguire una mammografia e un esame ecografico per escludere eventuali modificazioni dei tessuti.

Trapianto di capelli – L'alopecia androgenetica è la forma più diffusa di caduta dei capelli negli uomini. A volte si manifesta già poco dopo la pubertà con stempiatura. Successivamente subentra il diradamento sulla parte posteriore del cranio e in genere resta solo una corona di capelli. Questo dipende probabilmente dal fatto che i capelli in quella zona sono programmati geneticamente in maniera diversa. L'autotrapianto sfrutta proprio questa particolarità: si preleva dalla corona, dove i capelli di solito sono ancora folti, una striscia di pelle compresi capelli e bulbi piliferi. Questa striscia di pelle viene suddivisa in porzioni da 1 a 5 capelli ciascuna. Si praticano minuscole incisioni nella zona calva dove si innestano i bulbi prelevati. Le radici trapiantate in genere crescono senza problemi. *Effetto*: la zona da cui sono stati prelevati i capelli ricresce senza problemi. I capelli trapiantati di solito restano vivi per tutta la vita.

Ecco che cosa tenere presente prima di un intervento chirurgico di bellezza

- Mettetevelo in testa: anche le operazioni più piccole possono causare complicazioni. Non prendete decisioni avventate al riguardo.
- Non lasciatevi accecare dall'aspetto delle attrici e dei presentatori liftati. Ciò che appare bello sullo schermo spesso ha un effetto maschera dal vero.
- Informatevi approfonditamente. Non date importanza al fatto di aver sentito nominare o di aver letto spesso il nome di un dato medico o di una data clinica. Il fatto che un professionista sia bravo a farsi pubblicità, non significa necessariamente che operi bene.
- Consultate almeno due medici/cliniche diversi per fare un confronto. Una raccomandazione: verificate sempre che l'esperto a cui vi rivolgete sia un medico laureato con una specializzazione in chirurgia estetica, cosmetica o plastica. Diffidate da specialisti dai nomi più esotici o di cui non conoscete esattamente la formazione. Presso molti ospedali sono inoltre attivi da diversi anni ambulatori pubblici di medicina estetica. Potete trovare gli indirizzi dei professionisti seri consultando l'albo dei chirurghi plastici.
- Informatevi sulla formazione e l'esperienza del medico scelto. Chiedete quante volte l'anno esegue l'intervento da voi richiesto.
- Durante l'incontro preliminare, fatevi mostrare foto pre- e post-intervento. Informatevi sui rischi, le complicazioni e i fallimenti. Informatevi se la clinica è attrezzata per le emergenze e se dispone di un reparto di rianimazione. Chiedete indirizzi di riferimento delle persone già operate.

La bellezza come stile di vita

Appartengo a quella generazione che è riuscita a diventare adulta senza gel per capelli, piercing all'ombelico, Wonderbra e il rasoio Venus di Gillette. Nei miei anni di formazione, bellezza e spontaneità erano quasi sinonimi. Oggi ovviamente ho un atteggiamento aperto verso le correzioni estetiche discrete, ma l'attitudine di un tempo rimane: mi ripugna l'idea di intervenire in grande stile su me stessa, solo perché il mio viso ha una storia.

A 45 anni lo dico senza problemi, ma non escludo a priori che in futuro possa farmi spianare questa o quella ruga. Ma interventi più importanti per me stessa, solo in nome della giovinezza, li escludo. Vero è che negli ultimi anni le tecniche chirurgiche hanno fatto enormi progressi, ma trovo che sarebbe eccessivamente azzardato affidarmi, sotto anestesia, all'abilità e al senso estetico di un chirurgo sconosciuto. Avrei paura che la facciata rimessa a nuovo non si armonizzasse con il resto del corpo non più giovane. E non vorrei rischiare per niente al mondo di avere l'aspetto di una persona che non ha mai amato, pensato, riso e pianto in vita sua.

Per questo motivo sono fermamente convinta che la chirurgia estetica come fonte di giovinezza serva a ben poco, al pari di creme antietà e soggiorni nelle cliniche di bellezza. Chi vuole mantenere un bell'aspetto per tutta la vita, deve prima di tutto accettare se stesso.

Cinque consigli base per la bellezza

Le regole fondamentali per mantenersi giovani sono note da tempo, basterebbe metterle in pratica: fare più sport, mangiare meno e in maniera più sana, eliminare lo stress, smettere di fumare. Non ci piace sentircelo dire. Sottoporsi all'azione del bisturi, oppure sdraiarsi sul lettino dei massaggi, ingoiare capsule vitaminiche o digiunare per tre giorni richiede meno fatica che modificare durevolmente il proprio stile di vita.

Cominciate con piccoli passi

La cultura del benessere nella quotidianità non significa dover rinunciare per sempre a tutto ciò che diverte ed è buono. Un bell'aspetto è la somma di tante piccole decisioni: bere il cappuccino senza zucchero, non usare (quasi mai) scale mobili e ascensori, preferire una bella insalata a un piatto di spaghetti alla carbonara. In piscina o al mare portare una camicia di lino a maniche lunghe sopra il costume per proteggersi dal sole, nel fine settimana accendere il computer soltanto per motivi eccezionali, aumentare il consumo di frutta e verdura, fino ad arrivare, idealmente, a 600 g al giorno. Questi piccoli cambiamenti sono divertenti e non causano stress. Ma nel corso degli anni si accumulano per creare un programma di bellezza su misura.

Lontano dal sole

I raggi UV-A penetrano in profondità nella pelle, dove danneggiano elastina e fibre di collagene, vale a dire le sostanze che contribuiscono a mantenere elastica la pelle. Il 60-80 per cento dell'invecchiamento cutaneo è provocato dall'esposizione al sole. Il risultato: la struttura della pelle cambia, la pelle diventa coriacea, rugosa e chiazzata. Potete vedere la differenza confrontando la pelle del viso e del décolleté con quella della parte interna del braccio, che non reca ancora i segni dei danni provocati negli ultimi 15 anni dall'esposizione ai raggi

UV-A. Per questo è consigliabile stare il più lontani possibili dai raggi UV. Rinunciate ai bagni di sole, usate una crema ad alto fattore protettivo anche nelle giornate nuvolose, aspettate il tardo pomeriggio per praticare sport all'aperto.

Idratare, idratare, idratare

Se al corpo manca acqua, le riserve cutanee si svuotano molto più in fretta rispetto ad altri serbatoi dell'organismo. Il risultato: la pelle si secca, diventa ruvida, si squama, si screpola e perde tensione. Un'idratazione sufficiente dall'interno, al contrario, la rende rosea ed elastica. Se vi costa fatica bere senza avere sete, dovreste tenere una bottiglia d'acqua sempre accanto a voi.

Andate al trotto

Per metà della vita il mio motto è stato: *niente sport*. Alla soglia dei 40 anni, il mio corpo mi ha fatto capire che dovevo prendere una decisione: o mi muovo, oppure mi sformo, nonostante la taglia 40. Quella che iniziò come una iscrizione di prova a una palestra, è diventata una parte naturale della mia giornata. Forse dipende dal fatto che l'allenamento con i pesi e le macchine, al contrario di molti prodotti antietà, dà risultati visibili: per la prima volta in vita mia ho dei muscoli veri. L'addome è diventato più piatto, la schiena più forte, la mia attitudine più positiva, anche se continuo a non essere particolarmente amante degli sport. Ma ho scoperto che muovermi in palestra e soprattutto all'aperto mi dà gioia. Questa inaspettata evoluzione è una delle cose migliori che mi siano capitate dal mio quarantesimo compleanno.

Il fumo rende grigi

La nicotina agisce da vasocostrittore e diminuisce l'irrorazione sanguigna, la pelle risulta spenta e grigia. Il corpo produce poco collagene, la pelle perde precocemente tono. Il continuo strizzare gli occhi per il fumo, produce rughe intorno agli occhi. I test hanno dimostrato che i fumatori dimostrano in media cinque anni in più della loro età.

6. Una questione di stile

I SEGRETI PER RESTARE GIOVANI E I NUOVI METRI DI MISURA

Occhi da cerbiatta, labbra morbide, pelle di velluto, aspetto acerbo, è questa la Miss ideale virtuale creata al computer da un gruppo di ricercatori tedeschi mettendo insieme le caratteristiche migliori delle donne più belle del nostro Paese. Il suo pendant maschile ottimizzato al computer non è da meno: zigomi pronunciati, pelle leggermente abbronzata, ciglia e sopracciglia scure, completati dai tre criteri decisivi che fanno di un uomo l'uomo da sogno: capelli folti, mento volitivo e mascella forte.

Di fronte a tanta bellezza virtuale, una bellezza naturale sbiadisce a una media gradevolezza. Lo ha dimostrato un sondaggio condotto tra professionisti in un'agenzia per modelle di Monaco. Gli studiosi hanno presentato ai professionisti della bellezza un campionario di 200 ritratti fotografici. La metà delle fotografie ritraeva i volti di vere modelle, l'altra metà esemplari creati al computer. Tutte le facce ritratte avevano i capelli raccolti all'indietro, erano senza trucco e con un'espressione neutra. Il risultato: gli esperti di bellezza individuarono sedici volti da poter ascrivere nella categoria « beauty ». Quattordici di questi erano virtuali, cioè non esistevano nella realtà.

Questo dimostra che la bellezza dipende da fattori di valutazione oggettivi. In tutte le culture la simmetria è canone di bellezza, al pari di proporzioni medie, pelle senza difetti, lineamenti pronunciati negli uomini e un misto di caratteristiche infantili e mature nelle donne. Nel corso di migliaia di anni, l'evoluzione ci ha polarizzato verso questo ideale estetico. Quando con il passare del tempo la pelle mostra le prime rughe, le palpebre cadono, le labbra perdono la loro pienezza e il naso diventa più grande, è sempre più difficile soddisfare i canoni di bellezza geneticamente fissati. Questo è un dato di fatto.

D'altrocanto, è ugualmente assodato che un brutto anatroccolo può sbocciare in un cigno – e viceversa. Lo dimostrano le riunioni tra ex compagni di scuola. A 17 anni nessuno voleva il grasso Moritz dalla lunga chioma come compagno per il ballo della scuola, nemmeno se lo avesse chiesto lui. Venticinque anni dopo, dimagrito e calvo, non lo riconosce nessuno. E per di più ha un'aria spudoratamente sexy. Al contrario Claudia, un tempo tanto desiderata, sembra già vecchia con il suo cardigan di jersey lungo fino ai fianchi. Fa molte domande ed è insistente e sembra sapere tutto di tutti.

Più invecchiamo e meno la bellezza si limita ai soli dati fisici. Styling e make-up, portamento e atteggiamento di vita sono altrettanto importanti per creare l'impressione generale. In questo capitolo impareremo che cosa fare per migliorare il nostro fascino.

Belli a tutte le età

La bellezza giovanile è esteriore. Fisica. Gradevole. Si schiude armoniosa come un concerto di Mozart o un dipinto di Monet. Tra i suoi naturali punti di forza ci sono una pelle regolare con pori piccoli, una figura da bikini con ventre piatto, capelli folti e lucenti, labbra piene, sopracciglia alte unite a caratteristiche fisiche tipicamente femminili o maschili. La predilezione istintiva per questi elementi vincenti si è sviluppata nel corso dell'evoluzione umana: la bellezza femminile simboleggia salute e fertilità, quella maschile forza, capacità produttiva e sicurezza. La bellezza giovanile viene da fuori. Segnala che è il momento migliore per accoppiarsi.

> « *Perché non prendere esempio da Audrey Hepburn? Avere 60 anni e dimostrare 60 anni, ma con che stile.* »
> GEORGE CLOONEY

La bellezza senza tempo è un'altra cosa. Sottile. Non convenzionale. Non è riducibile ad alcuno schema. Audrey Hepburn, Jacqueline Kennedy e Katharine Hepburn la possedevano ben oltre gli anni migliori. Isabella Rossellini, Fanny Ardant, Meryl Streep, Catherine Deneuve, Susan Sontag, hanno in comune la capacità espressiva che le accompagna da uno o due decenni. Personalità come loro sono icone che dimostrano che cosa significa restare belli quando si comincia a far parte della categoria di persone con le rughe. Avere stile. Autorevolezza. Intelligenza. Portamento. Influenza. Presenza. Sensualità. Complessità. La bellezza senza tempo emana da dentro. Esprime ciò che siamo. Non è mai piatta e sempre individuale.

Questo tipo di bellezza ci viene data solo in parte fin dalla culla, ma si sviluppa principalmente come risultato di un lungo percorso di evoluzione e disciplina. La bellezza senza tempo è difficile da cogliere, ma chi ha sviluppato la capacità di vederla, la riconosce subito. Forse il suo aspetto più miracoloso è che se ne viene in possesso quando è arrivato il momento giusto.

Cercatevi modelli moderni

Negli anni migliori per le questioni di stile e moda non servono granché né le rubriche sulle riviste femminili, né le figlie minorenni. Ciò che risulta spiritoso su una 15enne, difficilmente sarà adatto per una donna di 39, 45 o 53 anni. Ispiratevi piuttosto a persone della vostra età e più grandi, di cui apprezzate l'aspetto – può trattarsi di una collega d'ufficio, una presentatrice televisiva oppure un'attrice in un determinato ruolo. Studiate di che cosa si compone lo stile che vi piace, e trasferite su di voi l'uno o l'altro particolare.

Siate consapevoli che la bellezza perfetta è fatta di ritocchi

Il viso di Claudia Schiffer sulla copertina di *Vogue*, o il fondoschiena di George Clooney nel film *Solaris* sono ritoccati al computer fino all'ultimo dettaglio. I filtri sull'obbiettivo fanno sparire i brufoli e i pori dilatati. Occhiaie e rughe vengono eliminate manualmente. Tutti i colori possono essere alterati digitalmente; l'incarnato assume una calda tonalità dorata, i denti vengono sbiancati virtualmente, il colore degli occhi accentuato, il bianco degli occhi schiarito. Provate anche voi con Photoshop. Un paio di colpi di mouse nei punti giusti vi fanno ringiovanire di dieci anni buoni, dandovi un aspetto perfetto.

Pensate avanti di vent'anni

Provate a immaginare come vorreste essere tra vent'anni. Ispiratevi a modelli raggiungibili e che assomigliano al vostro tipo. Vi si addice di più uno stile graffiante e altero o un'aura materna e disponibile? Vi vedete più come Sophia Loren o come Senta Berger? Come Pierce Brosnan o come Kevin Kostner? Per avere una pelle più liscia siete disposte a ingrassare di qualche chilo? Oppure ritenete che una figura asciutta sia preferibile rispetto a un viso senza rughe? Vi piacerebbe dimostrare vent'anni di meno a 65 anni? Oppure essere delle fantastiche 65enni? Non sono riflessioni che ci piacciono, quando siamo negli anni migliori. Ma le immagini odierne influenzano l'aspetto di domani.

Il nuovo realismo

« Se dovessi riassumere in una parola gli anni tra i 40 e i 50, lo definirei il "decennio-oh-merda" » scriveva la visagista americana Bobbi Brown a 45 anni nel suo libro *Beauty Evolution*. Oh merda, se non fossi mai andata al centro abbronzante. Oh merda, se avessi fatto di più per le mie cosce. Oh merda, se avessi imparato prima a non corrugare la fronte. E così via di questo passo. Ogni anno che passa diventano più marcati negli ultra 40enni i segni delle scottature infantili, gli amori finiti male, il debole per la panna montata e i biscotti al cioccolato, i pigri fine settimana sul divano. È cominciata la fase di passaggio tra « Sei bellissima » e « Ti sei mantenuta bene ».

La cosa più strana di tutto questo è che io non sono meno soddisfatta di prima riguardo al mio aspetto. Al contrario, non sono mai stata così bene con me stessa come ora. Anche se le rughe intorno agli occhi e i segni dell'esposizione al sole sul collo non mi rendono proprio felice. Molti altri miei coetanei, uomini e donne, affermano la stessa cosa: si sentono attraenti come in passato, se non addirittura di più.

Forse questa nuova gratificazione per il proprio aspetto dipende dal fatto che con gli anni diventiamo più realistici e meno critici. A 40 anni abbiamo finalmente imparato a essere contenti di ciò che abbiamo, invece di rimpiangere inutilmente quello che ci manca. Il seno poco abbondante è rimasto sodo come prima. Gli occhiali da lettura ci danno un'aria più interessante. Il leggero sovrappeso riempie efficacemente le rughe. Con lo styling giusto possiamo essere più belli che mai.

Sono bello?

Riflettete su cosa trovate di più attraente in voi rispetto a dieci o venti anni fa. Il portamento migliore? La voce controllata? I movimenti sicuri? Lo stile sicuro? Le lentiggini, che vi attiravano le canzonature dei compagni alle elementari? Il naso dritto e sottile che grazie a Nicole Kidman sta vivendo un nuovo momento di gloria? I riccioli ribelli che in passato vi portavano alla disperazione? Il vostro imponente metro e 79 di statura, che a 17 anni vi faceva essere più alta di tutti i ragazzi?

Dedicato alle donne: piccoli segreti per ringiovanire l'aspetto

Con le sostanze e i colori giusti potete migliorare sensibilmente il vostro aspetto e il vostro fascino.

I colori giusti – Le tonalità speziate danno alla pelle un alone caldo, quelle crema, dal bianco panna al marroncino, esaltano il colorito, rosa, pesca e azzurro risultano giovani e teneri. Con il nero non si sbaglia mai, ma se indossato da capo a piedi tende a invecchiare anziché ringiovanire. I colori accesi spesso sono esagerati dopo i 40 anni. Lo stesso vale per il make-up.

Le fibre morbide – Cachemire, angora, lino, pelliccia finta, scialli morbidi e dolcevita conferiscono alla pelle un aspetto più morbido e vellutato. Fibre hightech, pelle lucida, borchie, zip, lurex, piercing e tatuaggi fanno l'effetto contrario. Le ballerine e gli accessori delicati sono giovani e disinvolti anche sopra i 40 anni. Sempre che la figura permetta di portarli.

Effetto lifting per il make up

A partire dai 40 anni, il colore di pelle, capelli e labbra sbiadisce e la pelle diventa più secca. Cure e trucco possono avere un'azione rinfrescante.

- Controllate che la vostra pelle venga idratata sia da dentro sia dall'esterno. Usate un latte detergente agli acidi di frutti o con microparticelle per eliminare le cellule morte dall'epidermide.
- I visagisti lo ritengono indispensabile: il correttore per nascondere le occhiaie e portare via la stanchezza. I prodotti migliori sono quelli cremosi con pigmenti fotoriflettenti.
- Usate un fondotinta che si intoni perfettamente al colore naturale del vostro incarnato. Usate la cipria con parsimonia, perché accentua le piccole rughe.
- La tonalità albicocca per il fard rinfresca il colorito. Un rossetto scuro assottiglia le labbra.
- Preferite tonalità calde e consistenze cremose per fondotinta, fard e rossetto. Un lieve effetto brillante dà luce al viso.
- Gli occhi acquistano intensità se hanno il contorno chiaramente definito. Usate una matita morbida marrone per tracciare una linea sulla palpebra superiore e inferiore. Completate con del mascara nero.
- Consiglio extra: le sopracciglia perfettamente depilate e spazzolate verso l'alto hanno l'effetto di un mini lifting.

Dedicato agli uomini: Dinamismo giovanile

Nel campo della moda, la prima metà della vita risulta più interessante per le donne che per gli uomini. In compenso gli uomini se la cavano più facilmente dopo i 40: le maniglie dell'amore spariscono sotto la giacca, le rughe sul collo sono nascoste dal colletto della camicia, Il giromanica e il girovita non stringono e a nessun uomo verrebbe in mente di creare capi di alta moda a immagine e gusto di giovani adolescenti. Ciononostante, anche gli uomini dopo i 40 possono trarre profitto da qualche nuovo consiglio in fatto di cura personale, acconciatura e abbigliamento.

- Controllate naso e orecchie con uno specchio a ingrandimento ed eliminate i peli superflui con una forbicina arrotondata o un trimmer elettrico.
- Fatevi asportare chirurgicamente nei e protuberanze, soprattutto sul viso.
- Esperimenti all'ultima moda, tipo barba di tre giorni o pizzetto, lasciateli ai ventenni. La barba di regola invecchia. Bastano le rughe a dare al viso il carattere necessario.
- Con gli anni la pelle e i capelli sbiadiscono. Per avere un aspetto sano e dinamico, fate molto movimento, meglio se all'aperto, e preferite colori chiari e stoffe lisce. Nel caso di un certo appesantimento della figura, sono indicate camicie a righe bianche e azzurre, maglioni neri, antracite o blu, blazer blu scuro e pantaloni di tela in alternativa ai jeans. I toni del beige e del marrone, i quadri, il velluto e il tweed nei colori sbiaditi possono creare qualche problema dopo i 40. Se accostati nel modo sbagliato danno un effetto spento e grigio.
- Usate quotidianamente burro di cacao e una crema idratante con barriera UV, anche quando non c'è il so-

le. La pelle bianca può essere rinfrescata con un gel solare in tinta.
- Sta bene quasi a tutti: taglio di capelli radicale quando i capelli si assottigliano, la stempiatura aumenta e la sommità del capo si schiarisce.

Belli per davvero

Gli ultra 40enni si sono lasciati alle spalle un discreto bagaglio in fatto di moda: pantaloni a zampa di elefante e Moonboots, capelli cotonati alla Dallas e giacche con spalle iperimbottite, sottili cravatte in pelle e maniche raglan, look da hippie e da paninari. Per anni abbiamo portato quello che era in e hip. Oppure confortevole e conveniente. Adesso siamo abbastanza cresciuti per portare quello che si addice a noi, al nostro corpo e alla nostra vita. Il cammino da percorrere è più facile di quanto sembri.

Esaminate il vostro corpo, i vostri pregi e i vostri difetti

Scoprite dove sono i vostri punti di forza. Il bel décolleté? Gli occhi scuri? Le gambe lunghe? E quali sono i vostri punti deboli? L'addome non proprio piatto? Le mani rugose? Dove volete attirare l'attenzione? Qual è il taglio di pantaloni, giacca e pullover che vi sta meglio? Quali indumenti portate più volentieri? Che cosa è tanto speciale per voi? Quali capi non potrete mai sostituire? E perché?

Riflettete su ciò che volete raggiungere con il vostro stile

Volete essere appariscenti? Curare la vostra immagine? Volete piacere al/alla compagno/a? Impressionare i clienti? Avere un aspetto professionale? Originale? Studiato? Creativo? Spontaneo o raffinato? Elegante o sportivo? Amichevole e disponibile? Oppure distaccato e autorevole?

Riflettete su che cosa vi piace e ciò che detestate

Della moda, dell'arredamento, tra le automobili, tra i film, nei viaggi. Non fatevi condizionare dal prezzo, da considerazioni pratiche o dalle vostre reali possibilità economiche. Annotate come viene tutto quello che giudicate personalmente più o meno bello. Se vi piace la porcellana bianca, le poltrone di vimini e l'Africa e non vi entusiasma la pelle nera, le orchidee e gli accessori Alessi, è probabile che vi sentiate a vostro agio con indumenti di taglio semplice e colori coordinati: giacche di camoscio, pantaloni morbidi e trucco appena accennato. Al contrario, la predilezione per le linee dritte e nitide nello stile si potrebbe tradurre in una tendenza per un deciso pragmatismo: giacca di pelle nera morbida, camicia di seta bianca, rossetto rosso, accessori d'argento di linea moderna.

Comprate quello che si addice alla vostra giornata tipica

Visualizzate le attività che caratterizzano le vostre giornate. Quali ruoli rivestite quotidianamente? In quale ambiente vi muovete? Avete a che fare spesso con la clientela, siete spesso in giro con i bambini, andate a teatro, fate sport, avete incarichi di rappresentanza, come si vestono gli altri nel vostro ramo, vivete in città o in campagna? Se possedete un ampio guardaroba per la vostra vita professionale e invece andate in palestra con magliette scolorite e pantaloni sformati, prima di acquistare nuove giacche o un'altra camicia bianca, pensate a rinnovare il vostro abbigliamento sportivo.

Fate acquisti mirati

Dovete sapere ciò che volete. Scarpe marrone scuro con suola di gomma – adatte per ogni tempo. Un maglione dolcevita corto in vita che si abbini alla nuova gonna al ginocchio. È possibile che desideri così concreti non vengano soddisfatti nel primo negozio che visitate. E magari nemmeno nel secondo. È assai probabile che vi imbattiate in una commessa la quale vi informa che « questo capo non si porta quest'anno ». Non scendete a compromessi. Comprate soltanto quello che vi sta, che riflette i vostri gusti e si adatta alla vostra vita quotidiana.

Fate acquisti spontanei

Gli acquisti mirati evitano di sbagliare e mettono ordine nell'armadio. Gli acquisti spontanei possono essere, con un po' di fortuna, i pezzi forti del guardaroba, che nei giorni sì danno quel certo non so che e nei giorni no la sicurezza di essere comunque a posto. Quindi: vedo, compro, godo.

Solo chi cambia resta fedele a se stesso

Negli ultimi anni ho trovato il mio stile. Capi classici e semplici, tagli dritti e accessori discreti, tinte neutre e una linea slanciata. So di non essere in grado di sistemare un taglio di capelli scalato, che non mi piace il rosso e che porto i tacchi a spillo solo all'opera. I tempi in cui mi lasciavo tiranneggiare dalla moda sono (quasi) passati. Il numero di acquisti sbagliati è decisamente diminuito.

Sempre più capi del mio guardaroba mi accompagnano con soddisfazione da parecchi anni.

Nonostante tutto, però, la moda resta un tema che amo molto. Se non altro perché non so resistere alla tentazione del cotone e del lino e delle canottiere che a partire da gennaio ammiccano nelle vetrine primaverili dei negozi. A parte questo, ci sono alcuni motivi del tutto razionali per rinnovare regolarmente acconciatura, trucco e guardaroba.

Prima di tutto la moda interpreta anche i capi di base in maniera sempre nuova. Grazie alle nuove fibre, il tubino nero si adatta meglio alle linee del corpo, mentre anche i pantaloni classici devono essere un po' svasati in fondo e il caschetto sempre attuale è di volta in volta più geometrico o più morbido.

In secondo luogo, anche noi evolviamo. In tutti i sensi: negli anni migliori cambia il corpo, il senso della vita, la situazione famigliare. Magari rientrate nel mondo del lavoro dopo la pausa dedicata ai figli, magari avete messo su un paio di chili, magari c'è un nuovo partner nella vostra vita. Questo nuovo io più consapevole, più sensuale, vuole manifestarsi anche esteriormente.

Terzo, si invecchia prima agli occhi degli altri, se si inserisce il pilota automatico in fatto di moda. Se non volete rischiare che il vostro stile risulti polveroso e monotono, bisogna tenerlo sempre aggiornato. Più volete apparire giovani, più spesso dovete rimodernare i capi preferiti del vostro guardaroba. Spesso bastano semplici adattamenti: occhiali più moderni, una nuova acconciatura, un diverso colore di lucidalabbra, un paio di scarpe all'ultima moda.

« L'importante non è apparire giovani, ma belli. »
CLINIQUE

Belli da dentro

Se confrontati con gli ideali di bellezza geneticamente determinati, gli ultra 40enni non avrebbero molte chance di apparire belli e desiderabili. Per fortuna, nella vita reale, sono anche altri gli aspetti che determinano come una persona viene considerata, al di là della pelle liscia e dei lineamenti giovanili. Il professore di psicologia Siegfrid Frey di Duisburg, lo ha dimostrato in numerosi studi: la prima impressione che diamo dipende principalmente dai nostri movimenti. Un'andatura dinamica, una posizione del busto inclinata verso l'interlocutore, un portamento eretto producono un effetto positivo a qualunque età. Al contrario, chi avanza nella vita con le spalle curve, o si presenta impettito tirando in dentro la pancia viene percepito come poco attraente, a 25 come a 52 anni.

Una ricerca dell'etologo viennese Karl Grammer e della psicologa americana Ann-Lee Renninger va nella stessa direzione. Gli studiosi volevano scoprire che influsso ha la mimica di una persona sugli altri. A tale scopo hanno ricreato diversi movimenti facciali umani su un viso computerizzato, un cosiddetto avatar. In questo modo è stato possibile studiare la reazione di un osservatore a un sorriso, una smorfia, uno sguardo partecipe, indipendentemente dalla bellezza o meno del volto cui apparteneva. « È probabile », ha affermato Grammer, « che i volti ad alta espressività suggeriscano bellezza. »

Entrambi gli studi lo dimostrano: la bellezza non è una mera superficie. È il risultato di un melange squisitamente individuale di lineamenti armoniosi, pelle curata, sguardo aperto, buongusto, occhi lucenti e linee d'espressione. La maggior parte di questi aspetti non dipende tanto dall'età, quanto piuttosto da uno stile di vita consapevole. Un atteggiamento ottimista. Una vita interiore ricca. Un'attenta osservazione di sé. Un gusto raffinato. Sono doti che in genere si acquisiscono negli anni migliori. Proprio al momento giusto per compensare efficacemente varici e zampe di gallina.

- Se vi sentite rigidi e anchilosati, dedicatevi a uno sport che rinforzi la vostra armonia di movimento, come yoga, ballo, equitazione, tai chi, scherma.
- Il vostro fascino dipende dalla concentrazione che dedicate all'altro. Cercate lo sguardo dell'interlocutore, mostratevi partecipi di quello che dice, manifestate comprensione, gioia, compassione – siate presenti.
- Restate curiosi. Interesse ed entusiasmo illuminano gli occhi e danno automaticamente più vivacità alla mimica.
- La mimica crea rughe. Per questo è bene sapere che ci bastano 14 muscoli per sorridere, ma ne occorrono più di 70 per corrugare la fronte.
- State alla larga dai brontoloni. Non fatevi contagiare dall'energia negativa emanata da altri.

Una bellezza insospettata

Ciò che percepiamo come bello è di origine genetica. È stato dimostrato in laboratorio che già i neonati di due mesi fissano più a lungo volti attraenti rispetto a quelli meno attraenti. Ciò non toglie, però, che non sia possibile ampliare questo istinto atavico. Così come letterariamente ci siamo evoluti dalle storie per bambini e musicalmente siamo andati oltre gli Abba, è possibile affinare anche l'innata percezione della bellezza fisica.

Ciò presuppone, tuttavia, che affrontiamo il mondo in maniera il più possibile libera da pregiudizi. In questo modo apprezzeremo per davvero l'umorismo contagioso di Cecilia Bartoli e il portamento maestoso di Jessye Norman, invece di scambiarci luoghi comuni sull'indice di massa corporeo dei cantanti lirici. Allora la bella voce e la stupenda giacca di camoscio del nostro vicino di posto sull'aereo per le vacanze ci colpiranno almeno quanto il suo braccio malformato. Allora ci verrà da pensare che le dee di Rubens con le loro cosce abbondanti e i morbidi avambracci emanano una languida consapevolezza che a noi manca per essere belli.

Quale lezione ne ricaviamo? A un'osservazione più attenta la bellezza perfetta dei modelli computerizzati ha qualcosa di inquietante quanto l'aspetto pseudocool delle adolescenti che sfilano sulle passerelle. Un occhio allenato riconosce il bello non solo in ciò che è giovane, slanciato, sodo, ma anche, e soprattutto, in ciò che è vivo, particolare, insolito.

Forza, energia, intensità sono belli.

La piccola fessura tra gli incisivi è bella.

Le rughe da riso intorno agli occhi sono belle.

Lunghi e folti capelli bianchi sono belli.

Il viso fragile dell'amica che ha un tumore al seno è bello.

Un volto che emana maturità ed esperienza è bello.

7. Prestazione matura

CARRIERA, VALORE DI MERCATO E ARIA DI CRISI

Si ricercano sul territorio nazionale giovani professionisti, giovani e dinamici agenti di vendita, giovani laureati con abilitazione europea; le imprese che pubblicano questi annunci non vogliono giovani leve. A una lettura più attenta si richiedono esperti altamente motivati per promozione finanziaria. Collaboratrici esperte di moda, con conoscenza di diverse lingue straniere per un esclusivo negozio di punta nel centro di Berlino. Un partner con conoscenze specifiche in ingegneria meccanica ed elettrotecnica per un ufficio di consulenza brevetti a Londra. Esperienza, conoscenze specialistiche e una solida carriera sono non soltanto benvenute, ma letteralmente ambite. Settore pret-à-porter. 3 anni di esperienza. Prima responsabilità personale.

No, non bisogna avere 25 anni per sostenere un colloquio di lavoro negli uffici, nei negozi e negli studi professionali tedeschi. Anche gli ultra 30enni sono benvisti. Quelli più avanti negli anni, tuttavia, si avvicinano pericolosamente alla data di scadenza. Secondo un'indagine dell'IAB (l'istituto per le ricerche sul mercato del lavoro e l'impiego), i 35-49enni possono considerarsi a buon diritto la generazione meglio istruita in Europa. Finora questo dato non ha fatto molta impressione sui datori di lavoro. «Chi ha 45 anni», dice il sociologo Rolf Romaus, «può essere a stento riciclato nel mondo del lavoro. A 55 anni si è fuori.»

In questo capitolo imparerete come restare in gioco professionalmente a dispetto degli ostacoli.

Programmati per il successo

Se siamo tra quelli cresciuti tra la metà degli anni '70 e l'inizio degli anni '80, eravamo inizialmente animati da sensibilità per l'ambiente, atteggiamento critico verso i consumi e ideali di pace. Poco più tardi fummo contagiati anche noi da quello che contestiamo tutt'oggi, l'orientamento al successo e al piacere degli ultimi due decenni del secolo scorso, e imparammo che avere buongusto diventava sempre più costoso. Da allora il successo ha ribaltato la nostra scala di valori. I figli dei fiori sono diventati *global players*.

Accompagnati da una valanga di consulenti di carriera e manuali di management, abbiamo imparato che autolodarsi funziona e che solo i paranoici sopravvivono. Avidità e materialismo non sono arrivati a roderci l'anima perché la maggior parte di noi ha conservato una certa coscienza critica, ma l'impiego e le sfide a esso legate ci hanno forgiato, non solo professionalmente, bensì anche in privato. Oggi la nostra identità è strettamente legata al nostro lavoro.

Dato che ormai non lavoriamo più soltanto per guadagnarci la pagnotta, ci sforziamo di accettare gli avvenimenti dei primi anni del nuovo millennio: il crollo della borsa azionaria, la fine della new economy, la stagnazione economica. Per molti ultra 40enni, la crisi congiunturale ha coinciso con la consapevolezza che il proprio valore di mercato è crollato come le azioni Telecom.

Il quadro economico può cambiare, ma il valore penalizzante di un 4 o un 5 nelle decine dell'età rimane.

Per i lavoratori sopra i 40, la fine della carriera sta in agguato dietro l'angolo. Se succede la catastrofe, mancano ancora molti anni di contributi e di assicurazione sulla vita prima della pensione. Le risorse economiche allora si consumano in fretta anche per i più abbienti, la constatazione improvvisa di essere difficilmente ricollocabili erode l'autostima.

Il valore di mercato scende

Osservando la situazione tedesca, la relazione finale di un'apposita commissione d'inchiesta parlamentare sui mutamenti demografici ha dichiarato che gli imprenditori considerano i loro collaboratori e collaboratrici nel pieno delle capacità lavorative fino a 51 anni. I manager americani concedono ai loro dipendenti dieci anni di più. Ma diversamente che in Germania, negli Stati Uniti esistono leggi che impediscono la discriminazione legata all'età. Per esempio, nei curriculum è vietato allegare foto o citare date della propria vita che possano fornire indizi sulla data di nascita.

Qui da noi, al contrario, il valore di mercato comincia a scendere già dopo i 40 anni, almeno per chi non occupa posizioni dirigenziali: dove i 50enni sono considerati ferri vecchi, gli ultra 40enni devono per forza sentirsi come modelli fuori produzione. « La finestra temporale entro la quale le forze produttive per l'economia sono negli "anni migliori", in certi campi si è ristretta a un decennio », scrive la giornalista della « SZ » Sylvia Englert.

Sebbene le norme sull'impiego offrano una certa tutela (per ora) e impediscano che i 40-50enni vengano licenziati in massa, il prestigio di queste generazioni all'interno del team di lavoro minaccia di diminuire. Sicuramente nei campi ad alta pressione innovativa. Un'evoluzione personale dopo i 40 ha carattere di rarità in molte aziende.

Questa discriminazione, ovviamente, non colpisce tutti allo stesso modo. Per i lavoratori autonomi e i liberi professionisti, l'età non entra quasi mai in gioco. Al contrario dei dipendenti, questi lavoratori vengono giudicati dai risultati e dalle capacità dimostrate e non sulla base dell'età anagrafica e degli anni già vissuti. Anche i conoscenti notoriamente di successo non si mostrano particolarmente preoccupati: con la fine della new economy, assicurano, i professionisti con la chioma brizzolata hanno riacquistato una buona fama. Ma al termine di una lunga serata anche loro si lasciano sfuggire che, in caso di bancarotta o di licenziamento in grande stile, ci vorrà una gran botta di fortuna per trovare un altro posto.

Non si può negare: nel nuovo millennio gli ultra 40enni non possono più contare sul fatto di guadagnare più soldi, più influenza e più potere man mano che passa il tempo. Al contrario, molti devono dimenticare il benessere di un tempo e accontentarsi di mantenere lo status attuale.

Un due tre, tocca a te

Ben più grave è la situazione di chi perde il lavoro. Chi resta disoccupato a partire dai 40 anni, fa bene a inserirsi in una rete molto vasta per trovare un nuovo impiego. I più anziani restano esclusi del tutto. Più di un milione di ultra 50enni sono disoccupati.*

* Questo dato si riferisce alla Germania. In Italia i disoccupati ultra 50enni sono circa 700.000.

Dato che le imprese non fanno neppure un primo colloquio ai candidati più anziani, nella primavera del 2004 i 50enni si vedono decantare come banane troppo mature dal ministero del lavoro: « I nostri più recenti collaboratori: ultra 50enni e bravi. » Per i responsabili dell'ufficio personale poco convinti viene offerto anche un incentivo presentato con i toni crudi della pubblicità: « Chi assume ultra 50enni, ottiene un contributo statale che copre anche gli oneri previdenziali ».*

Sarebbe interessante valutare l'età media del team creativo che ha inventato questo slogan pubblicitario umiliante per l'intera categoria. Probabilmente qualche pubblicitario ultra 50enne senza occupazione l'avrebbe fatto meglio. Ma le capacità non contano più dopo una certa età e alle persone sopra i 40 anni di rado vengono attribuite in ambito professionale motivazione e spinta all'innovazione.

La cacciata dal paradiso

Mentre la popolazione invecchia progressivamente, gli impiegati diventano sempre più giovani. In molte aziende l'età media delle assunzioni si aggira intorno ai 35 anni. Sono soprattutto le grandi società a manifestare un marcato scetticismo verso l'età; secondo l'opinione dominante, chi vuole restare al top anche in futuro, deve sostituire il più in fretta possibile i 45enni con giovani ultra qualificati e con idee più fresche.

Eppure esistono numerosi esempi di risultati elevati raggiunti oltre i 40: Henry Ford ideò il leggendario Mo-

* Anche in Italia esistono simili incentivi rivolti alle aziende che assumono ultra 50enni.

dello T a 45 anni. Michelangelo affrescò la Cappella Sistina a 55 anni. La stilista Jil Sander è tornata sulla scena a 59 anni, dopo una pausa di tre anni e una collezione poco riuscita.

Chi era bravo a 33 anni, difficilmente è peggiorato a 55. È un dato di fatto che purtroppo fatica a entrare nella mente di molti datori di lavoro. Sono soprattutto gli ingeneri, i biologi, gli informatici, i creativi e gli impiegati dei media a doversi confrontare in una lotta sempre più dura con la sete di giovinezza delle imprese. Il livello di disoccupazione tra gli elettrotecnici ultra 40enni, per esempio, è salito dal 1985 dell'800 per cento, mentre quello dei tecnici sotto i 35 anni ha visto un calo continuo.

Markus, 46 anni, lavorava come senior IT consultant regolarmente 50-60 ore a settimana. Sei mesi fa è stato licenziato; a causa di una improvvisa riduzione dei volumi d'affari, la società di consulenza per la quale lavorava fallì dall'oggi al domani. Ciò che Markus visse in seguito fu una vera e propria caduta all'inferno: niente più auto aziendale, niente più computer, niente più cellulare, sgomberare l'ufficio, esaminare le offerte di lavoro, contattare consulenti professionali, richiedere il sussidio di disoccupazione, rinunciare alle lezioni di equitazione per il figlio piccolo, scrivere curriculum sul PC del grande, affrontare i rifiuti, saltuariamente qualche colloquio di lavoro senza esito, nessuna prospettiva di impiego da nessuna parte. La branca delle consulenze ormai offre solo contratti a tempo determinato e solo per neodiplomati. Dal licenziamento Markus è dimagrito di tre chili. Al tennis si sente male e non ha più la forza per affrontare il jogging mattutino.

Ritrovarsi disoccupati a 40 anni fa precipitare il malcapitato in un baratro profondo. Possono occorrere anche due anni per riprendersi dal colpo e tornare ad affrontare la realtà con altre prospettive, dicono gli psicologi. La cosa fondamentale in questo momento è di non perdere il terreno sotto i piedi.

Pensate obiettivamente

Le regole del gioco nel lavoro sono cambiate: la tradizionale carriera in avanti è ormai in via di estinzione come l'opzione di chiedere il prepensionamento e uscire con eleganza di scena a 55 anni. Età ed esperienza al momento non sono valutate granché. Cambiamenti professionali possono interessare chiunque, soprattutto la classe dirigente. La miglior difesa emotiva è prenderne coscienza.

Rimanere sulla stessa via porta di rado alla meta

Non scrivete alla cieca dozzine di curriculum per posizioni che ricalcano quasi perfettamente la vostra. Sfruttate il periodo di disoccupazione come pausa creativa, per ripensare ai vostri obiettivi professionali ed esistenziali. Forse un'azienda medio-piccola offre meno glamour ma più possibilità di adattamento rispetto al mondo delle grandi imprese nel quale vi siete mosso finora. È probabile che possediate tutta una serie di competenze che erano rimaste inutilizzate nel vostro vecchio lavoro. Magari desiderate maggiore indipendenza o più libertà organizzativa. Pensate in ogni caso anche a una variante autonoma, magari insieme a un collega. Non bisogna essere per forza impiegati per mettere in piedi qualcosa.

Restate in gioco

Anche se economicamente non è redditizio, intraprendete tutti i progetti adatti a voi che vi capitano per le mani, dai corsi professionali al volontariato. Il vantaggio:

allaccerete contatti e porterete nuove conoscenze nella vostra vita.

Datevi degli obiettivi

Non c'è più un ufficio dove andare, nessuna riunione, nessun appuntamento, nessun progetto, persino la pausa caffè con i colleghi è finita. Tanto più importante allora è crearsi nuovi riti per dare struttura alla giornata. Ampliate il normale programma sportivo. Proponetevi di perdere quattro chili. Fate chiarezza sulla vostra situazione economica. Fate un check-up medico, ora che ne avete il tempo. Invitate gli amici, magari non al raffinato ristorante come prima, ma per una pasta a casa vostra. Leggetevi i classici russi, oppure la letteratura americana contemporanea. Non fatevi domande, non è il momento adatto. Al contrario: progetti come questi danno concretezza alla vita, offrono materiale di dialogo e scacciano pensieri angosciosi.

La crisi come opportunità

La carriera dopo in 40 anni può rivelarsi un vero tour de force. Molti non sono in grado di affrontare questa tensione, ed è naturale. In fondo, fino a poco tempo fa era lecito presumere che, una volta giunti intorno ai 50 anni, si fosse ben saldi sulla sella. L'accelerazione, tuttavia, può essere sfruttata anche come occasione per trasformare il modello professionale aggressivo e orientato alla carriera in un lavoro più gratificante. Spesso è necessario un fallimento professionale o un peggioramento della salute per mettere in moto questo cambiamento.

Sabine, 50 anni, è stata per dieci anni direttrice vendite di una prestigiosa casa di moda. L'anno scorso, l'azienda ha chiuso i battenti. La perdita del lavoro ha fatto capire a Sabine che non potrà trovare un impiego analogo in una cittadina di provincia come quella in cui vive. Ma lei si è preparata. « La chiusura dell'attività non è stata una sorpresa. Già da parecchio tempo pensavo a possibili alternative. » La sua forza sta nella capacità di vestire le clienti in base al tipo e all'occasione con il grande pregio di avere un portafoglio clienti meticolosamente curato. Durante un viaggio negli USA qualche anno fa, Sabine entrò in contatto con la professione del personal trainer per gli acquisti, che, dietro compenso, accompagna la cliente nell'acquisto dell'abbigliamento. « Molte delle mie clienti di un tempo avevano manifestato interesse per la cosa, a patto che non fosse troppo costosa. » Sabine ha investito la liquidazione in carta da lettera, biglietti da visita e un sito web ben fatto che tiene aggiornato con consigli di moda e di shopping. « Gli accessori base li ordino a un prezzo conveniente su Internet, mentre con i commercianti locali ho contrattato sconti notevoli che poi passo alle clienti. » Sabine guadagna sicuramente meno che con il suo lavoro di un tempo, ma in cambio ha più tempo per i figli, il marito e il cane. « E poi sono solo all'inizio. Il prossimo passo sarà di offrire buoni regalo. Penso che l'iniziativa avrà successo, soprattutto intorno alle feste. »

Rinnovarsi per interesse personale

Non importa che si lavori come impiegati o in proprio, che si progetti un rientro o si sia costretti a un cambio di rotta, chi ha 40 anni e più si trova in una situazione paradossale. Molti scoprono di non appartenere più alla fascia di età più richiesta: poco creativi, poco resistenti, poco inclini a imparare, poco comunicativi, troppo cari, questa è la fama che precede gli ultra 40enni. D'altro canto, l'aumento dell'età pensionabile è ormai un dato di fatto. E poi, i cambiamenti demografici dell'Europa occidentale porteranno ben presto a un'epoca di mancanza di forza lavoro. Secondo un rapporto del forum mondiale dell'economia, a partire dal 2010 l'offerta di manodopera in Europa diminuirà annualmente di un buon 0,7 per cento. Le aziende allora, nonostante la razionalizzazione e l'esportazione di capitali, non potranno più discriminare quei gruppi di età oggi ritenuti d'ostacolo per l'innovazione. Almeno per quanto riguarda i lavori che è possibile realizzare soltanto in loco.

Per la pianificazione esistenziale del singolo significa che il lavoro a vita, quello in cui si può invecchiare comodamente non esiste più, come nemmeno la possibilità di una previdenza sicura una volta usciti dal mondo del lavoro. Il futuro professionale è diventato più insicuro. Per restare in campo, non dobbiamo mai smettere di imparare, dobbiamo riciclarci continuamente e ampliare il nostro potenziale. In cambio non corriamo il rischio di sederci sugli allori e di trascorrere il secondo tempo partecipando al gioco senza troppa convinzione. Chi ringiovanisce e si rinnova dopo i 40, può aprirsi nuove possibilità. Ma soltanto lui.

Il conflitto generazionale

Ricordate ancora i vostri primi anni in ufficio? Com'era difficile mettere in pratica quello che avevate imparato a scuola? Come le vostre idee si scontravano sempre con una tenace resistenza? Come vi lamentavate, insieme ai tre colleghi coetanei, davanti alla macchinetta del caffè, dell'inflessibilità dei vecchi (leggi tutti quelli con più di 33 anni) e delle loro idee preconcette? Allora i vecchi erano sempre gli altri, adesso lo siamo noi, o almeno tali ci giudicano i giovani alle prime armi.

Non siamo stati migliori di loro. Eppure, la scarsa opinione che manifestano nei nostri confronti ferisce la nostra autostima. Ma questo non lo dice nessuno. Almeno non apertamente. Un'occhiata a quella che un tempo era stata una semplice lettura scolastica, ma ora si rivela in tutto il suo significato, riassume a parole il fastidioso argomento: « Non sono un genio, ma pur sempre un uomo in una posizione direttiva », osserva l'*Homo Faber* di Max Frisch sulla soglia del suo 50esimo compleanno, « è soltanto che sopporto sempre meno questi giovani, il loro modo di fare, il loro genio, i loro sono soltanto sogni futuri, che li fanno sentire speciali, e non gli interessa un cavolo di niente quello che abbiamo fatto noialtri concretamente in questo mondo; se uno prova a elencarglielo, sorridono condiscendenti ».

Parole sacrosante. Max Frisch aveva 46 anni quando scrisse queste righe nel 1957.

Sul posto di lavoro lo scontro generazionale è più dirompente che mai: all'apparenza affermati e in posizione leader gli uni, convinti di sé e assetati di carriera gli altri. Questi stereotipi nella mente di giovani e vecchi si ripercuotono negativamente sulle aziende: suddivisione in gruppi in base ai confini generazionali, insufficiente scambio di conoscenze, dimissioni (interne), calo di produttività, perdita di immagine.

Più si invecchia, maggiore è il pericolo di avere la peggio nel conflitto con i nuovi venuti. Le imprese alla ricerca di gioventù preferiscono liquidare i vecchi non più in grado di essere istruiti piuttosto che cedere i giovani insensibili alla concorrenza. E invece sarebbe possibile sfruttare in maniera assolutamente produttiva le differenze tra 30enni, 40enni e 50enni. Per esempio, per rivolgersi in maniera più mirata a clienti di età diversa. Oppure per riunire meglio assunzione dei rischi e gestione dei rischi. O per sistematizzare lo scambio di conoscenze. Questo tuttavia presuppone che le generazioni conoscano e apprezzino le capacità peculiari dell'altro.

Classe a ogni età

In ambito professionale si incontrano fino a quattro gruppi di età con caratteristiche, interessi, forme di vita e qualità molto diversi: gli ultra 55enni, gli ultra 40enni, gli ultra 30enni e i nuovi assunti.

Gli ultra 55enni

Compiono il percorso professionale in base ai modelli tradizionali con contratti salariali, classici avanzamenti di carriera e prospettive di pensione relativamente sicure. Quasi due terzi di loro sono già usciti da un rapporto di lavoro fisso; è stato possibile grazie al vantaggioso programma di prepensionamento che, con un generoso stanziamento di 500 miliardi di euro del governo tedesco, assicura a questo gruppo di età la rendita netta più elevata di qualsiasi altra generazione. La creme del gruppo occupa posizioni di spicco in politica ed economia; dopo il crollo della new economy la loro esperienza e avvedutezza sono di nuovo molto richieste.

È difficile individuare i valori degli ultra 55enni; da un punto di vista anagrafico appartengono alla generazione del Sessantotto. Di conseguenza danno molto valore alla libertà di organizzazione e all'individualità. Accanto a questi aspetti convivono atteggiamenti piuttosto tradizionali: attenzione al dettaglio, meritocrazia, profondità teorica.

Gli ultra 40enni

La generazione a partire dai 40 anni è cresciuta nel periodo del boom economico. I più anziani di loro perciò sono ancora legati, nonostante crisi a volte sostanziali nella loro biografia, all'idea di sicurezza, carriera normale e posto di lavoro fisso a tempo indeterminato. I vantaggi di questa fascia di età sono riflessione, prudenza, capacità di integrazione e l'abilità di contestare e di creare consenso. La generazione del baby boom ha un atteggiamento piuttosto scettico verso parole e gesti roboanti. Per questo a volte faticano a vendersi bene, a presentarsi in grande stile e a cogliere le opportunità sul nascere. In privato e nella professione sono al culmine della loro evoluzione, o almeno così si sentono. Molti hanno imparato a investire le proprie energie in maniera più mirata di prima. Hanno già sperimentato e superato molte voghe, mode e trend e sanno perciò che non è il caso di saltare su ogni treno con l'idea di progredire. Nemmeno se si chiama eurostar.

Gli ultra 30enni

Insieme ai figli del baby boom, rappresentano la categoria a maggior tasso di occupazione. Nella competizione per il maggiore prestigio, le migliori posizioni, godono del vantaggio di una maggiore giovinezza. Ma anche loro, d'altro canto, hanno perso lo status di ambiti *high potentials*. La prossima batteria di giovani talenti di belle speranze si sta già riscaldando sulla linea di partenza.

Forgiati nello stile di vita degli anni Ottanta e nel clima di boom di quelli Novanta, rappresentano il modello antagonista dei sessantottini e dei settantottini. Il lavoro per loro significa divertimento, comunicazione e affermazione personale. La loro forza sta nella capacità di progettare, essere creativi, sapersi vendere e affrontare in maniera consapevole progetti innovativi. Dopo la fine del « nuovo mercato », questa generazione si è trovata a terra. Inoltre il duplice carico della famiglia e della professione crea limiti alla mobilità e alla flessibilità. Ma, rispetto alla maggior parte della generazione precedente, gli ultra 30enni hanno il vantaggio di essersi abituati ai posti di lavoro incerti e sanno come ci si sente tra collaborazioni, contratti a termine e fasi di autonomia. Di conseguenza la fedeltà nei confronti del datore di lavoro è limitata. Gli ultra 30enni si comportano come imprenditori di se stessi: consci dello stile, esperti di marketing, affabili, professionali.

I nuovi assunti

La generazione degli ultra 20enni, che si affaccia al mondo del lavoro per la prima volta, ha fatto proprio l'andamento economico più duro. Senza farsi illusioni, sa che professionalmente il cammino non sarà sempre in avanti e che il lavoro non sempre sarà divertente. Il successo è importante, se non altro per mantenere il livello di vita conosciuto finora. Più disponibile delle generazioni precedenti, questa fascia di età accetta le regole del lavoro e dell'economia: obiettivi ben definiti, inserimento pieno, risposta rapida, separazione netta tra vita professionale e privata.

Vivere con la follia della giovinezza

Il confronto tra le generazioni rivela che, a causa della loro formazione, i più giovani sono più egoisti, ma anche più freschi e intraprendenti rispetto ai medi che agiscono in maniera meno eclatante. In compenso, a partire dai 40 anni ci sono più possibilità di collaborare e meno di concorrere. E non solo con i propri compagni di gara. Anche rispetto alle nuove leve. In modo che non si leggano più titoli come quello apparso di recente sulla « Zeit », BISTICCIO CON IL NONNO a proposito del conflitto generazionale sul posto di lavoro. Se sapremo affrontare consapevolmente il cambiamento a partire dai 40 anni, vedremo crescere proprio le qualità necessarie: capacità di immedesimazione, benevolenza, saggezza, generatività – tutti vantaggi per superare lo stereotipo della vecchiaia immutabile e della giovinezza scalpitante.

Non parlate come dei vecchi

Non avete bisogno di nascondere la vostra età, ma non dovete nemmeno farne un argomento di conversazione. Evitate espressioni del tipo « Ai miei tempi », « Prima avevamo », « Era prima della vostra epoca », « Se fossi più giovane », « Noi non avevamo tutte queste possibilità ». Andateci cauti anche con i ricordi di gioventù. Se al bar parlate di come avete seguito l'arrivo del primo uomo sulla luna davanti al televisore (in bianco e nero), i più giovani potrebbero giudicarvi testimoni diretti dell'affondamento del Titanic.

La circospezione è meglio della precauzione

La cosiddetta civiltà del divertimento è ormai giunta al termine. Tuttavia, lo scetticismo che sembra diventata la seconda natura di molti ultra 40enni ha l'effetto di smorzare e creare apprensione nei più giovani. È molto più proficuo mostrare interesse per le innovazioni – e occuparsi della gestione professionale dei rischi.

Non sfinite gli altri con le vostre idee

La generazione del baby boom è esperta nell'arte della discussione e dà molta importanza nel coinvolgere tutte le parti in causa. Questo ha il vantaggio che tutti remano dalla stessa parte, ma d'altro canto, i logoranti processi di armonizzazione smorzano e annacquano gli approcci più originali. Per questa generazione sono più indicate le decisioni rapide.

Cercate la collaborazione di colleghi in tutte le fasce d'età

Vale a dire, in particolare: disponibilità verso i più giovani, non solo perché il loro know how attuale e le loro energie ancora inutilizzate possono giovare alla vostra carriera, ma anche perché la collaborazione con loro vi ringiovanirà anche da un punto di vista personale. Per far crescere un individuo, è necessario non smettere mai di affrontare punti di vista e metodi nuovi e insoliti.

Vendete in maniera coerente ai tempi

20enni e 30enni sanno come presentare in maniera efficace prodotti, prestazioni e la propria persona. Cresciuti a base di MTV, Magnum e Nike, conoscono istintivamente l'effetto di confezioni, parole e simboli. Accanto a loro, i più anziani, che liquidano come superficiali l'involucro raffinato, i comunicati stampa professionali oppure il *roadshow* organizzato sontuosamente, risultano più obsoleti che mai.

Lavorare con un consumo intelligente delle energie

La pressione da successo, i ritmi di lavoro e le richieste di risultati sono in continuo aumento. I posti di lavoro diventano più incerti. Un numero sempre inferiore di collaboratori deve fornire più risultati in un tempo sempre più ridotto. Per anni abbiamo combattuto contro lo stress, sacrificato la vita privata per tenere il passo con le sfide professionali.

Adesso, superata la soglia dei 40, cominciamo ad avvertirne le conseguenze: irritabilità, occhiaie, insonnia, ipertensione, esaurimento. E la fine del tormento non è in vista, a meno che non siamo noi stessi a tirare il freno, senza avere timore per il crollo delle prestazioni, la perdita di prestigio e la concorrenza agguerrita. Si tratta di fare un semplice e freddo calcolo: vogliamo bruciare le nostre risorse fino all'infarto? Stressarci fino ad apparire grigi ed esauriti? Oppure vogliamo continuare a dare buoni risultati fin oltre i 60 anni? Offrire prestazioni di qualità fino alla vera vecchiaia? Emanare credibilità, sicurezza e professionalità disinvolta?

Se è questo il nostro obiettivo, non dobbiamo rovinarci gli anni migliori con la frenesia, il perfezionismo e gli sprint. Qualunque buon maratoneta sa che bisogna suddividere le forze in maniera razionale, senza farsi contagiare se altri passano trionfalmente primi al chilometro 22; soltanto gli scattisti danno tutto fin dall'inizio. Chi vuole durare fino al traguardo e arrivare tra i primi deve saper dosare le energie.

Tradotto nella vita professionale, ciò significa *work smart, not hard,* vale a dire lavorare in maniera intelligente. A partire dai 40 conoscete abbastanza bene il vostro campo di attività da ottenere gli stessi risultati di prima con minore sforzo.

- Fate gli straordinari quando è necessario e non per dimostrare di essere indispensabili.
- Cercate collaboratori che non dobbiate controllare passo passo.
- Promettete meno di ciò che siete in grado di produrre. E poi producete più di quanto avete promesso.
- Lavorate in team e non come solista.
- Lavorate in tandem con colleghi più giovani. I contatti uniti alle riserve di forza, l'esperienza unita allo zelo creano una combinazione vincente.

Lavorare per vivere

Quando la generazione degli ultra 40enni uscirà dal mondo del lavoro, sarà più anziana dei pensionati attuali. Sarebbe perciò una cattiva strategia vivere fino alla pensione anteponendo il lavoro a tutto il resto. Proprio negli anni migliori al più tardi, è il momento di diminuire le energie dedicate alla professione e di soffermarsi a pensare lucidamente alle cose davvero importanti della vita: famiglia, salute, ideali, interessi personali, evoluzione interiore, gioia di vivere.

Alcuni ci riescono, dando meno importanza al lavoro e organizzandosi in maniera più razionale. In questo viene loro in aiuto l'esperienza di tutta una vita: gli ultra 40enni hanno la capacità di saper conciliare meglio di quanto facciano i più giovani obiettivi e sfide all'apparenza incompatibili. Questa caratteristica, ovvero la capacità di fare una cosa senza tralasciarne un'altra, viene definita dagli psicologi *tolleranza all'ambiguità*.

Altri invece mettono in dubbio l'antico ritmo esistenziale nel suo complesso. Come nel caso di Katrin, restauratrice, e Jochen, controller presso una banca di

Francoforte. Da quando i figli sono cresciuti, hanno sviluppato il desiderio di trovare un'occupazione comune, possibilmente qualcosa legato alla natura, lontano dalla città. Sono riusciti a realizzare il loro sogno un poco per volta. Tre anni fa hanno acquistato un vecchio fienile in campagna, trasformandolo in un laboratorio di mobili rustici. All'inizio tenevano aperto il negozio solo nei fine settimana, ma l'ottimo andamento dell'attività ha spinto Katrin a licenziarsi dal suo impiego per ampliare l'offerta e gli orari di apertura. « Naturalmente la vita di un tempo era più comoda per noi », racconta Katrin. « Alcuni dei nostri amici ci giudicano pazzi ad aver affrontato un simile rischio. Ma in questo modo possiamo finalmente goderci ciò che finora ci era mancato nella vita. » Nel frattempo, il piano superiore del fienile è stato ristrutturato ricavandone un comodo alloggio per due persone. Il progetto di Jochen è di lasciare il lavoro dopo i 50 anni per diventare consulente e di ampliare il negozio con l'aggiunta di un bar. Insieme Katrin e Jochen sono in procinto di raggiungere un'altra vetta professionale e personale.

Ridefinire il successo

Superati i 40 anni possiamo dichiarare concluso il programma professionale obbligatorio. Facciamo progetti interessanti, abbiamo qualcosa da dire, paghiamo le tasse e abbiamo dimostrato che il diploma di orafa non ci ha portato a quel disastro economico profetizzato dai nostri genitori. Ora è il momento degli esercizi liberi. Un innegabile segnale in tal senso sono i dialoghi con conoscenti e amici. Se per anni gli argomenti principe sono stati il successivo balzo di carriera, il prestigioso congresso, il nuovo apparecchio per ecografie oppure il fantastico rapporto con il capo, negli ultimi tempi la musica è cambiata.

« Mi piacerebbe fare qualcosa di meno arido, usando le mani », dichiara Angelika, che da quando ha divorziato ha gestito la segreteria della Facoltà di fisica con grande precisione e affidabilità.

Per Joachim negli ultimi anni la vita è sempre andata in una sola direzione: avanti. Il suo studio medico adesso è molto avviato, ma la quotidianità fatta di raffreddori, check-up di routine e calcoli per il servizio sanitario ha perso il suo lustro di un tempo. « Lo studio è in piena attività, non lo posso negare. Ma detto tra noi, la metà dei pazienti viene per delle sciocchezze. Gli occorre solo una ricetta. Oppure di sentirsi dire che è tutto a posto. »

Annegret vorrebbe tornare a lavorare, adesso che la piccola frequenta la scuola materna. Tuttavia la spaventa l'idea di rientrare in un team ed essere legata a orari fissi dopo sei anni di gestione famigliare. « Non riesco proprio a immaginarmi di avere nuovamente un capo. »

Paula è insegnante di violino alla scuola di musica comunale. Bartók, Beethoven e il suo violino le piacciono ancora come vent'anni fa, ma non ce la fa più a sentire le stridule stecche di bambini pigri e viziati.

Intorno ai 30 anni eravamo elettrizzati dal successo esterno. Superati i 40 cominciamo a viverlo come vuoto. Spazi personali e impegno autentico acquistano più importanza rispetto ai beni materiali. Questo da una parte. Dall'altra vorremmo naturalmente continuare a guadagnare anche in futuro, perché abbiamo obblighi famigliari, gusti piuttosto costosi e poche prospettive di una previdenza soddisfacente. Ci piacerebbe avere qualche sicurezza in più e in questo cominciamo a somigliare sempre di più ai nostri genitori. Il desiderio di gratificazione, tuttavia, ci rende inquieti.

Ci aspettiamo troppo? È un segno di saturazione se

soldi, status e concorrenza ci motivano meno di prima? Se la ripetizione di attività sempre uguali comincia ad annoiarci? Se ci piacerebbe respirare un po' d'aria nuova sul lavoro? Sciocchezze. L'insoddisfazione latente che permea la nostra vita dimostra che ci stiamo evolvendo. Chi si inventa ex novo dopo i 40 anni non sente più tanto la mancanza del successo in termini di denaro e di prestigio. A partire dai 40 il successo significa anche poter configurare la propria vita sempre più in base ai propri modelli.

Realizzare concretamente gli obiettivi

Sogno e realtà non sempre sono tanto distanti come può apparire a prima vista.

Paula per esempio ha ridotto il monte ore di un quinto. Con una trascurabile perdita economica ha la possibilità di collaborare attivamente al circolo ricreativo. Attualmente è alla ricerca di sponsor che permettano di organizzare per la prossima stagione un ciclo di concerti di musica del XX secolo. Da quando ha preso questa decisione sopporta anche con più pazienza i suoi giovani allievi di violino.

Joachim sta pensando di offrirsi volontario per le iniziative di Medici senza Frontiere. « In una situazione di necessità, le competenze mediche sono davvero preziose. »

Angelika si è creata una valvola di sfogo al di fuori del lavoro: ogni due mesi aiuta una libraia di sua conoscenza, che ha sempre ammirato il suo talento per i colori, nell'allestimento della vetrina. « Dato che sono una madre single, non posso permettermi di rinunciare a un posto fisso. »

Tutti questi esempi dimostrano che non c'è bisogno di correre rischi incalcolabili per trovare più gratificazione nella vita.

Individuate le vostre prospettive future di carriera

L'insoddisfazione per lo stato delle cose indica che potrebbe essere necessario un cambiamento di rotta. Chi soffoca il desiderio verso qualcosa di nuovo per non mettere a repentaglio la propria posizione professionale, rischia di non poter mai realizzare i propri sogni.

Fate un elenco dei valori e degli ideali che ritenete più importanti

Soldi? Sicurezza? Crescita personale? Essere il/la migliore? Indipendenza? Prestigio sociale? Libertà? Nuove esperienze? Molti contatti? Riconoscimento? Reddito? Creatività? Gratificazione? Come potreste fare per concretizzare sul lavoro i vostri tre valori più importanti?

Anche piccoli cambiamenti portano molto

Non dovete subito progettare il cambiamento radicale. Riflettete prima se all'interno dell'azienda esistano nuovi o ulteriori spazi per voi. Spesso aiuta anche un secondo lavoro, un nuovo hobby, oppure un impegno al di fuori della professione, per avvicinarsi alle inclinazioni personali non vissute. In alternativa, potete cambiare ramo ma sempre all'interno della vostra professione. Cominciare qualcosa di assolutamente nuovo, infatti, è logorante, soprattutto se bisogna guadagnare denaro.

Andare alla guida

Le generazioni più giovani spesso dispongono di conoscenze specialistiche più attuali, lavorano con metodologie più nuove, magari hanno studiato all'estero e quindi hanno una mentalità più globale. Le persone di mezza età possono ridurre questo divario attraverso l'apertura mentale e la disponibilità ad apprendere. In ogni caso dobbiamo rassegnarci che è quasi impossibile colmare la distanza.

Dopo i 40 anni, le nostre forze risiedono a un altro livello. Più che negli anni passati, siamo indotti ad assumerci responsabilità professionali, a trasmettere conoscenze, a fornire metri di misura qualitativi, a condividere i nostri contatti, a dare feedback, a gestire i rischi, a ricomporre i contrasti, a rafforzare lo spirito di gruppo.

Quando guidate dei collaboratori o gestite dei progetti, uno dei vostri incarichi principali è sicuramente quello di pianificare, istruire e stimolare i processi di cooperazione. Anche chi lavora in gruppo può ricoprire ruoli analoghi. Mettetevi bene in testa che un team di successo ha bisogno di input diversificati, che si realizzano solo quando individui con competenze diverse remano nella stessa direzione: precorritori e conservatori, solisti e gregari, giovani, medi e anziani, competenze tecniche e sociali.

Ovviamente dipende dalle vostre esperienze e dalla vostra struttura individuale quale di queste funzioni vi si addice meglio. Di sicuro, tra i tipici compiti evolutivi dell'età media c'è il sostegno ai più giovani. Per questo la generazione di mezzo sembra fatta apposta per fungere da mediatore, mentore, istruttore, allenatore e compagno di gara neutrale. Ufficialmente e ufficiosamente. Un piacevole effetto collaterale è che in tutti questi ruoli un'età maggiore è più un vantaggio che un difetto.

Sfruttare le competenze di gruppo

Come consumatrice non ho nessun problema con l'età, al contrario. Discuto tranquillamente del metodo migliore per coprire i capelli bianchi con un parrucchiere che a sua volta deve accettare il fatto che la calvizie avanzata gli permette ben poche acconciature. Mi sento più a mio agio in una palestra dove si allenano persone tra i 15 e i 75 anni che in una dove non si trova quasi nessuno sopra i 30. E nelle questioni finanziarie preferisco farmi consigliare da un'esperta della mia età piuttosto che da un neoassunto fresco di studi.

Gli ultra 40enni costituiscono un gruppo di consumatori critico e con notevole potere d'acquisto e questo rappresenta un vantaggio non trascurabile nelle professioni legate ai servizi: contrariamente ai colleghi più giovani, sanno di prima mano come ragionano i coetanei. Sanno che cosa indossa, mangia, legge e ascolta un enorme gruppo di destinazione con elevato potere d'acquisto fino a oggi trascurato, sa che cosa pensa e cosa prova, come vorrebbe sentirsi consigliare e interpellare, come viaggia, abita e investe, quali temi lo muovono e quali priorità si impone.

In molti ambiti questa conoscenza rappresenterebbe un vero capitale. Il problema è che la maggior parte delle imprese e dei loro impiegati non se ne rende conto. Se cerchiamo su Internet il « potenziale di mercato bambini », il motore di ricerca Google ci fornisce dieci pagine di risultati. Se lo stesso termine viene abbinato a « generazione di mezzo », sullo schermo non compare alcun link, sebbene i tedeschi tra i 40 e i 65 anni siano 30 milioni. E nonostante il fatto che questo gruppo di età possa spendere *just for fun* più del doppio rispetto ai consumatori più giovani tra i 10 e i 20 anni. È possibile che i giovani professionisti tanto coccolati dal mondo economico e della pubblicità si concentrino un po' troppo sui loro coetanei? Sia come sia, la limitatezza di vedute dei più giovani offre agli ultra 40enni l'opportunità di occupare in futuro un ambito tematico di grandissimo interesse.

- Quale ruolo rivestono gli ultra 40enni nel vostro lavoro? Come clienti? Come partner commerciali? Come superiori, collaboratori e colleghi?
- Come potete specializzarvi voi personalmente verso il gruppo di destinazione degli ultra 40enni?
- La vostra azienda sarebbe in grado di aprire nuovi campi di attività rispetto agli ultra 40enni?
- Come potrebbe la vostra azienda migliorare i suoi prodotti/servizi per andare incontro agli interessi e ai desideri delle persone ultra 40enni? Magari anche i più giovani potrebbero trarre vantaggio da questi miglioramenti.
- Come potreste modificare la vostra capacità comunicativa/di marketing per interessare in maniera mirata gli ultra 40enni?

8. Soddisfatti in ogni rapporto

COPPIE CONSOLIDATE, SINGLE E NUOVI LEGAMI

Sabine e Jan. Maria e Mike. Paul e Uwe. Marta e Benjamin. Gabriella e Ruth. In ogni circostanza, dallo shopping al centro commerciale, alla serata a teatro, o una cena con amici, i 40enni preferiscono partecipare in coppia. Non esiste nessun'altra fase della vita in cui la presenza in due sia tanto diffusa come negli anni migliori. Guardando le statistiche, l'ottanta per cento dei 35-55enni sono sposati, mentre un altro cinque per cento convive. Il resto vive e cresce i figli da single, ma anche in questo gruppo esistono legami fissi.

La felicità a due rappresenta la forma di vita più ricorrente in quegli anni. Anche se suona decisamente noioso, non lo è. A un'osservazione più attenta, il rapporto di coppia spazia in una serie di varianti molto diversificate: la classica coppia sposata oppure convivente. Con figli o senza. Al primo, secondo o terzo matrimonio. Etero od omo. Innamorati da poco o legati da molti anni.

Chi ha conosciuto la gioia dell'essere in due, ambisce sempre a ricrearla. All'incirca il 60 per cento dei divorziati si risposa una seconda o una terza volta, gli uomini addirittura spesso entro un anno dal divorzio. Almeno la metà dei single vorrebbe ciò che manca: un compagno fisso. E nel caso a 13 o 17 anni fossero stati convinti che dopo i 45 l'amore era soltanto una parola senza contenuto, la vita nel frattempo ha insegnato loro qualcosa di meglio.

Certo, bisogna riconoscerlo, al posto del romanticismo oggi abbiamo rituali, al posto del sesso travolgente una sensualità celebrata voluttuosamente. Ma l'amore ci respira ancora addosso sebbene nel mezzo della vita ci ponga davanti sfide diverse rispetto a vent'anni fa. Qualunque sia lo stato della relazione, fresca, di lunga data o del tutto inesistente.

La felicità della durata

Quando, poco prima della maturità, mi innamorai dell'uomo con il quale ormai sono sposata da un quarto di secolo, la mia concezione dell'amore, della felicità e dell'essere in due era basata su film d'amore, soap opera e i classici della letteratura mondiale. I primi anni di matrimonio si rivelarono una vera doccia fredda. Impiegai diverso tempo per rendermi conto che la benedizione davanti all'altare non rappresentava affatto il coronamento dell'amore, bensì la promessa di restare insieme quando le illusioni si frantumano e i compromessi non sono più d'aiuto. Quando lui fa muro e lei si richiude in se stessa. Quando la delusione entra nella vita e mette alla prova la quotidianità dell'amore.

Abbiamo mantenuto fede alla promessa fatta, e per fortuna siamo entrambi testardi. Abbiamo dubitato l'uno dell'altra, di noi stessi e della nostra ragione, ma così facendo siamo cresciuti come coppia e siamo diventati, ciascuno per sé e insieme, adulti. Sappiamo istintivamente quello che ci accomuna oggi, che abbiamo qualche esperienza e molti anni di saggezza in più: la vita a due non è una casa prefabbricata, ordinata oggi e consegnata domani, bensì un progetto dall'esito incerto, un *work in progress* con tutto ciò che ne deriva; batticuore e conflitti, cambiamenti e successi, sfide e compromessi.

Un rapporto costruito negli anni offre un rifugio che permette a ciascuno di mettersi alla prova – individualmente e insieme – di cambiare e di evolvere e di vedere il proprio partner da angolazioni sempre nuove con il passare del tempo. Questo è il lato ideale. Una relazione di lunga durata porta anche, secondo i sociologi, alcuni vantaggi concreti che costituiscono il fondamento per entrare negli anni migliori sotto i migliori auspici.

I frutti della durata

Le coppie di lunga data non provano soltanto affetto, fiducia e passione reciproca, ma se la cavano meglio anche come comunità economica rispetto ai single o alle coppie transitorie. Vivono più a lungo, sono più sani e più soddisfatti, hanno una maggiore autostima e dispongono, dal punto di vista statistico, di redditi più elevati e maggiori ricchezze. Responsabili di tutto ciò sono le piccole differenze nella conduzione della vita che, sommandosi negli anni, si trasformano in un vantaggio difficilmente colmabile. La sociologa americana Linda J. Waite della University of Chicago ha studiato il fenomeno.

Partiamo dal guadagno economico. I soldi in realtà rappresentano il primo tema di scontro in molti matrimoni. Ma le coppie sposate dimostrano una maggiore capacità di costruire un capitale rispetto ai coetanei single o alle coppie di fatto. La differenza aumenta ogni anno che passa. I fattori che contribuiscono all'accumulo di un maggior patrimonio finanziario e immobiliare nelle coppie di lunga data sono molteplici: le coppie utilizzano molte cose insieme e investono preferibilmente in beni di lunga durata. Spendono decisamente meno per il tempo libero rispetto ai single e riducono i consumi. Non perché siano più parchi, ma perché a casa trovano dialogo, divertimento e partecipazione gratis. Le coppie sposate inoltre producono redditi maggiori e decidono più spesso di quelle non sposate di fare cassa comune. In questo caso sovente è la parte più parsimoniosa a determinare la rotta, mentre il più spendaccione dei due si adegua.

La fedeltà crea benessere, non solo economico, ma anche fisico. In effetti, una relazione di lunga durata è un vero e proprio programma antietà. Lo ha dimostrato una ricerca condotta da Waite studiando sul lungo periodo un gruppo di 6000 individui di istruzione analoga e reddito simile. Gli uomini sposati all'età di 48 anni avevano l'88 per cento di probabilità di arrivare a 65 anni, le donne addirittura il 92 per cento. Nella categoria dei single, la percentuale scendeva al 63 per cento per gli uomini e all'82 per cento per le donne, mentre tra i divorziati era rispettivamente del 65 per cento e dell'88 per cento.

L'aumento delle aspettative di vita non dipende dalla qualità del rapporto, che può essere indifferentemente vivo o fiacco. Le coppie di lunga data vivono semplicemente meglio con i loro rituali ben cementati e quasi borghesi: mangiano cibi meno ricchi di grassi e colesterolo, consumano più frutta e verdura, bevono volentieri un bicchiere di rosso di tanto in tanto, ma senza mai esagerare e si obbligano a vicenda a periodiche visite di controllo. Se necessario anche con la forza: nel matrimonio si discute più sull'alcol e sulle sigarette che per il nervosismo e l'irritabilità causati dallo stress.

Le sfide degli anni migliori

È difficile scuotere le coppie di lunga data. Le coppie di lunga data navigano ormai da tempo in acque tranquille. Le coppie di lunga data sono allenate e consolidate. Questi e altri simili sono i pregiudizi di una società frenetica, per la quale solo il nuovo è sexy e solo il cambiamento è attraente. In questo modo molti si precludono l'esperienza di provare come l'amore per la vita sia una vera e propria sfida.

> « *Un difetto innato di mia moglie, per esempio, è che non mi loda mai abbastanza per i miei risultati come padre, marito e soprattutto nel lavoro. A sua volta lei mi ha rinfacciato di recente che non la ascolto con la dovuta attenzione quando mi racconta della sua vita.* »
>
> HERBERT RIEHL-HEYSE

Primo: le coppie consolidate dispongono di un tesoro di esperienze comuni, fiducia e complicità che compensa lo stimolo di un amore giovane. Una relazione affiatata si smorza nel corso del tempo, ma non diventa monotona. È una sensazione fantastica sapere di essersi sostenuti per uno o due decenni, nella buona e nella cattiva sorte, anche se sarebbe bastato in qualsiasi momento un semplice, per quanto costoso, atto amministrativo per dividersi.

Secondo: nessun rapporto, per quanto duri da tempo, offre la sicurezza di un'assicurazione sulla vita con partecipazione ai profitti e garanzia di pagamento. Le basi possono essere solidissime, ma questo non garantisce che l'amore duri per sempre. Il rischio di divorzio effettivamente diminuisce dopo il decimo anno, ma negli ultimi quindici anni il tasso di coppie che divorziano dopo più di vent'anni di matrimonio è raddoppiato. Le cause principali: allontanamento e mancanza di dialogo, ovvero noia. Anche dopo anni o decenni l'amore resta una gioia fugace.

Terzo: anche le relazioni di una vita cambiano in continuazione, nonostante l'affiatamento dei coniugi. Spesso in meglio, lei accelerando la propria evoluzione personale, lui dandosi priorità professionali più interessanti. Entrambi imparano sempre meglio a sfruttare le divergenze, invece di litigarci su. Il sesso diventa più ispirato e raffinato. E a volte in peggio: lei è spesso di cattivo umore e non ha quasi mai molta voglia, lui non riesce ad accettare che l'aumento sia inferiore e il bonus annuale diminuisca. Il grande trascura la scuola e la piccola si ribella. Accudire la suocera si rivela una prova di forza per la relazione.

Conclusione: insieme non restano coloro che procedono appaiati. Insieme restano quanti si muovono e si confrontano e conquistano ogni volta daccapo la felicità.

Ritrovare la vita per due

« Dov'è finito il tempo? » Questa domanda tormenta soprattutto i genitori di mezza età. Ovviamente sapevano che i bambini non sarebbero rimasti tali per sempre. Ovviamente hanno cercato di non perdere di vista il/la partner a causa dell'educazione dei figli. Ovviamente godono delle nuove libertà concesse dalla crescita dei figli. Ma nonostante ciò trovano irritante che ci sia così poco tempo per la famiglia. E anche un po' triste.

Molto prima di quanto i genitori vorrebbero, i bambini cominciano il distacco: la figlia 11enne dorme sempre più spesso dalle amiche. Il figlio 13enne preferisce mangiare un panino con i compagni, piuttosto che pranzare a casa. La figlia 15enne si rifiuta categoricamente di fare la settimana bianca insieme alla famiglia. Il 17enne vuole frequentare il prossimo anno scolastico in Messico.

In mezzo alla vita i figli sono ancora lontani dall'essere indipendenti, ma la fase post-parentale comincia a gettare la sua ombra sulla vita: il ruolo di genitori non è più un'occupazione a tempo pieno. Mentre fino a poco tempo fa, i figli erano il centro intorno a cui ruotava tutto, ora capita sempre più spesso che il loro posto a pranzo resti vuoto. Nella quotidianità si creano delle falle che per molti genitori è difficile tappare.

La crescita dei figli porta un'ulteriore conseguenza con sé: in maniera del tutto repentina i piccoli compagni di strada disponibili si trasformano in rivali spietati. Di soldi, di bellezza, di potere. Il piccolo ottiene con il ricatto la sovvenzione per il cellulare con macchina fotografica incorporata senza il quale la sua vita non ha senso. La grande provoca fin dal mattino a colazione: « Papà, non trovi anche tu che sono più bella della mamma? » Che sia il collegamento a Internet, l'acquisto dell'auto o la meta per le vacanze, nessuno si sottrae al voto dei figli.

Mentre i genitori si congedano definitivamente dalla gioventù, i figli si inebriano del loro essere giovani. Più delle coppie senza figli, i coniugi con prole si rendono conto che una nuova generazione si sta sostituendo a quella vecchia. La psicologa di coppia americana Judith Wallerstein formula il concetto in questo modo: « Il teenager come rappresentante della prossima generazione contende il posto agli adulti, sotto ogni punto di vista, anche sessualmente, mentre il fascino fisico dei genitori diminuisce anno dopo anno ».

Una delle sfide psicologiche della coppia consiste nel lasciare liberi i figli e rifocalizzare l'attenzione sul/sulla partner. Nel caso migliore, la coppia di genitori torna a essere una coppia di amanti. In quello peggiore, si diffondono malinconia e noia e la coppia riconosce che erano soprattutto i figli a tenere insieme la relazione. A volte questa consapevolezza è l'inizio della fine.

Rafforzare la propria identità

I genitori si muovono per anni nel mondo dei figli. Invece di andare a teatro, assistono alla recita scolastica, invece dei frutti di mare mangiano bastoncini di pesce, invece dei mobili di design, comprano all'IKEA. Tutto per amore dei figli. Fino a quando questi trovano imbarazzante la proposta dei genitori di accompagnarli al corso di snowboard o al concerto di Britney Spears.

La migliore strategia in questa fase è di evitare la competizione con i figli in fatto di moda, sport o linguaggio. Sviluppate piuttosto il vostro io sovrano e adulto: cambiate arredamento, sostituite la pratica attrezzatura da cucina o da viaggio con articoli più raffinati, sbizzarritevi a cucinare per gli amici, senza curarvi se vostro figlio non mangia pomodori e vostra figlia non tocca né carne né pesce.

Un altro consiglio importante: quando la responsabilità verso i figli diminuisce, i genitori devono trovarsi di nuovo altri stimoli all'esterno. Il lavoro, le attività di volontariato, la cerchia di amici, gli interessi culturali di lui, l'impegno politico di lei offrono impulsi freschi.

Ovviamente non smettono di interessarsi ai figli e alla loro vita, ma è giusto che i ragazzi si rendano conto che i genitori hanno una vita propria sempre più ricca e diversificata. Questo atteggiamento non solo offre ai figli un messaggio positivo rispetto al diventare adulti, ma fa bene anche al rapporto se cominciate a vedervi più come donna che come madre e più come uomo che come padre.

Invecchiare insieme

Lui russa così tanto che lei pensa a camere separate. Lei non beve più nemmeno una goccia di vino rosso ma tracanna litri di tè verde. Lui assomiglia sempre di più a suo padre. Lei intuisce in quali sere non sarebbe una buona idea voler andare a letto con lui. Lui trova espressiva la sua ruga sulla fronte. Lei ritiene che lui dovrebbe proprio andare regolarmente dal medico. Lui è preoccupato per la sua posizione in azienda. Lei trattiene il proprio temperamento per riguardo nei confronti dell'ipertensione di lui. Lui è il migliore amico di lei. Lei è la persona più fidata di lui.

A partire dai 40 anni si cominciano a scoprire i primi segni della vecchiaia, non soltanto su se stessi, ma anche nel partner. Si tratta di minimi dettagli, piccole cose sulle quali non vale la pena soffermarsi. Invece è meglio parlarne. L'invecchiamento comincia con passi quasi impercettibili. Ma a un certo punto diventa manifesto. A un certo punto arriva la spossatezza, l'insidioso sudore, l'attesa dell'esito della biopsia. È più facile dominare le paure e la tensione che ne derivano se la coppia ha già imparato ad affrontare il tema dell'età: cauti, imbarazzati, divertiti.

Non fate dell'invecchiamento un problema, ma trasformatelo invece in un progetto comune.

Continuate il dialogo

I cambiamenti, che subite entrambi, vanno manifestati. La vostra paura di non essere più attraenti e la sua preoccupazione di non dare più come prima. Parlatene, con la stessa naturalezza di qualsiasi altro argomento. Ricordatevi come siete arrivati entrambi a essere quello che siete. Fate sapere al/alla partner che cosa trovate di più bello nell'altro e nella vostra vita in comune oggi rispetto al passato. Ogni tanto date un nome a ciò di cui avete nostalgia.

Guardate con ottimismo la nuova fase esistenziale

Date importanza ai nuovi ruoli e ai nuovi atteggiamenti. Riconoscete quanto sia piacevole dominare meglio le proprie emozioni. Quanto sia gratificante guidare i più giovani. Quanto sia bello, dopo tanti anni, fare di nuovo un viaggio da soli voi due. Quanto appaia inaspettatamente interessante la vita dopo i 40. Rafforzate a vicenda il proposito di riempire la seconda metà della vita nella stessa maniera consapevole e attiva di prima.

Non siate vecchi

Gli ultra 40enni hanno capito che la vita non dura in eterno, ma non per questo vogliono sentirselo ripetere in continuazione. E men che meno dal proprio partner. Evitate perciò di decorare il bagno e la cucina con lozioni per capelli o pastiglie di ormoni. Non obbligate il partner a un weekend in un centro benessere con la giustificazione che negli ultimi tempi vi sembra stressato. Non fate una conferenza sul perché preferite il cappuccino con il latte scremato e arricchite il muesli di crusca. Peggio dell'invecchiamento sono le sue insegne. Non c'è niente che danneggi l'amore più di un partner che all'improvviso assume atteggiamenti che risultavano irritanti già nei propri genitori.

Il nuovo equilibrio di forze

A partire dai 40 anni il nostro io comincia la sua massima affermazione. Questo processo implica anche un abbandono definitivo dei ruoli atavici. Nelle coppie che finora si erano suddivise i compiti in maniera tradizionale, il fenomeno è particolarmente eclatante: più aumenta l'indipendenza dei figli, più le donne diventano autonome. Rientrano nel mondo del lavoro, riprendono gli studi, oppure si dedicano con più energie ai propri interessi. In un modo o nell'altro, sono meno adattabili e disponibili di prima. Mentre le donne acquistano forza con gli anni, gli uomini acquistano sensibilità. La competizione, anche sul piano sessuale, si smorza. Collaborazione, amicizia e affetto salgono ai primi posti nella scala dei valori. Gli uomini ricettivi adesso desiderano nella relazione quella dose di intimità che negli anni passati spesso avevano rifiutato.

Questa evoluzione in realtà dovrebbe condurre a un maggiore affiatamento tra i partner. A partire dai 40 anni, almeno secondo la teoria, uomo e donna sono identici nelle rispettive competenze e i contrasti si appianano.

La realtà, invece, non è mai così lineare. Non sempre l'evoluzione dei partner è contemporanea. E non tutti vivono i cambiamenti caratteriali della mezza età come un guadagno. L'avvicinamento biologico e sociale dei sessi può dare forza a un rapporto, oppure ostacolarlo, e proprio da questo dipende la percezione di viverlo come un arricchimento o una minaccia.

- Negli anni lui è maturato a modello, mentore, moderatore? Oppure rimpiange i tempi in cui apparteneva alla gioventù selvaggia?
- La posatezza sviluppata da lui negli ultimi tempi è vista da lei come pregio o come difetto?

- Lei ha il coraggio di sfruttare le opportunità professionali che le vengono offerte, anche se la carriera di lui ristagna da diverso tempo?
- Come giudica lui la fiducia in se stessa con cui lei affronta ogni cosa, contagiosa o aggressiva?
- Lei è felice che lui cerchi di starle più vicino? Oppure la vive come una costrizione e un vincolo eccessivo?

L'intimità con il solito partner o la partner di sempre non ha un effetto propriamente afrodisiaco. Sarebbe bello poter ripartire da zero almeno una volta a metà della vita. Forse è per questo che il 65 per cento delle donne e il 75 per cento degli uomini cercano uno sfogo in una relazione extraconiugale. In alternativa si potrebbe provare a dare una energica scrollata alla polvere accumulata sul rapporto di lunga data per mancanza di cure. E non perché abbia perso valore. In questo contesto è stato dimostrato che a partire dai 40 anni entrambi i partner, e con loro anche il rapporto, cambiano enormemente. Se in bene o in male, sta alla coppia deciderlo.

Dalla nuova forza di lei, dalla sensibilità maturata da lui e dall'affiatamento sviluppato negli anni può scaturire un impulso notevole, a patto di essere disposti ad accettare e apprezzare i cambiamenti dell'età di mezzo. « Adesso abbiamo l'opportunità di raggiungere un punto di armonia », scrive Gail Sheehy, « in cui si cancella la tensione maschile-femminile. Si tratta di un ulteriore cambiamento che rende ancora più affascinante l'età adulta. » Può essere d'aiuto sapere con quali cambiamenti si può avere a che fare.

Affrontare insieme le crisi

L'innamoramento è al suo culmine quando è giocoso, giovane e fresco. L'amore verrà sviluppato nel corso degli anni fino alla sua completa maturazione e a quel punto sarà in grado di affrontare ciò che gli viene richiesto a partire dai 40 e spesso anche prima: superare le crisi. Ovviamente anche le relazioni molto giovani possono subire gravi scompensi: per esempio a causa della perdita del lavoro, o della nascita di un figlio handicappato. Per fortuna, tuttavia, non è questa la regola. A partire dai 40 e ancora più marcatamente dopo i 50, invece, sono pochissimi coloro che continuano a navigare pacificamente nella vita come prima.

La seconda metà della vita ha in serbo momenti difficili e dolorosi: la carriera ristagna, lui si innamora di un'altra, a lei viene diagnosticato il diabete, qualcuno in famiglia ha un tumore, il figlio abbandona gli studi, un caro amico viene colpito da un infarto durante un'immersione, il fratello di lei non si riprende dalla morte della moglie.

Queste crisi non sono tutte altrettanto gravi. Ma ognuna di esse ha la capacità di far crollare una relazione precaria. Per entrambi la vita cambia in peggio, ma spesso è soltanto uno dei due a rimanere vittima della situazione. L'altro ha la possibilità di sottrarsi, prendendo le distanze. Oppure con la separazione.

Che ci piaccia o meno, nella società moderna i rapporti di coppia sono soggetti a tensioni sempre crescenti. Convenzioni, figli e religione non bastano più a tenerci insieme. Se vogliamo che l'amore abbia sostanza, deve riflettere le nostre concezioni della bella vita. Per questo ogni difficoltà che disturba nel tempo l'ideale della felicità mette a dura prova la relazione.

Nei momenti critici, pertanto, le coppie non sono

chiamate soltanto a superare la crisi, bensì anche a proteggere il rapporto. La psicologa di coppia Judith Wallerstein propone le seguenti cinque strategie di difesa.

Ammortizzate le crisi in anticipo

Lei si rende conto che lui non va d'accordo con il nuovo capo. Lui si accorge che negli ultimi tempi lei perde la pazienza più in fretta del solito. A entrambi è chiaro che l'aumento di peso di lui non rappresenta solo un problema estetico. Spesso le crisi si annunciano con un certo anticipo. Nelle coppie fortunate, almeno uno dei due si accorge dei segnali di avvertimento e interviene prima che la situazione precipiti.

Non lasciatevi sopraffare dalle emozioni

Non immaginatevi sempre il peggio. Cosa succederà se la chemioterapia non avrà effetto? Cosa succederà se la mamma non potrà tornare a casa sua dopo l'intervento alle anche? Una pianificazione realistica è più proficua e tiene a bada le paure. Quali possibilità esistono di limitare gli effetti collaterali durante la chemio? Quali sono le premesse necessarie che permetteranno alla mamma di stare bene a casa sua? Quali alternative ci sono?

Concedetevi tutte le gioie e i piaceri possibili

Al capezzale del malato bisognava parlare a bassa voce e dopo la morte del nonno la mamma portava il lutto per un anno. Fortunatamente siamo stati l'ultima generazione a crescere con la sensazione che non fosse sufficiente soltanto provare tristezza, ma che fosse necessario mostrarla. Questa abitudine sociale ci ostacola ancora oggi quando si tratta di affrontare una crisi senza perdercisi dentro.

Un magnifico esempio di come le cose possano andare diversamente è il film di Roberto Benigni *La vita è bella*.

Non rimproveratevi a vicenda

In determinate situazioni occorre una forza di volontà sovrumana per non dire ciò che comunque entrambi sanno: erano anni che lei non faceva una mammografia. I genitori di lui avrebbero potuto provvedere meglio alla loro vecchiaia. L'incidente non sarebbe mai accaduto se lei non fosse partita in ritardo. Nonostante tutto, se vogliamo che il rapporto duri, è meglio trattenere l'irritazione nei confronti del/della partner. Secondo Judith Wallerstein, le coppie particolarmente stabili riescono persino a convincersi a vicenda che non serve autorimproverarsi.

Non atteggiatevi a temerario, non fate la incrollabile

Le crisi fanno paura. Le crisi creano rabbia. Le crisi confondono. Le crisi difficilmente possono trasformarsi in progetti positivi. Possiamo essere felici e fieri se riusciamo a uscirne integri per metà. Per questo nessuno deve fingere di saper superare senza problemi i rovesci del destino. Confidate al partner la vostra disperazione, il vostro scoramento, i vostri sensi di colpa. Indicate apertamente qual è il modo migliore per sostenervi. Non vergognatevi di accettare qualsiasi aiuto vi venga offerto. Nel caso veniate coinvolti come assistenti, prendetevi il diritto a una pausa di tanto in tanto – senza sensi di colpa.

Amore con un passato

A partire dai 40 anni, l'amore ha un passato, non importa che si stia insieme da 22 anni, oppure da due soltanto. Nelle coppie di lunga durata esso è costituito dalla storia esistenziale comune, in quelle dove uno o entrambi hanno alle spalle una separazione, sono i resti della relazione precedente: i figli del primo matrimonio, oppure la sua ex, che lo contatta regolarmente, l'insicurezza che la tormenta, gli obblighi di mantenimento che lo opprimono. Lei non se la sente di lasciare l'ambiente conosciuto. I genitori di lui sono rimasti fedeli alla sua ex.

Occorre parecchio tempo per riuscire a liberarsi definitivamente della relazione precedente. Infatti, anche quando il/la ex partner non occupa più un posto nel cuore dell'altro, la vecchia cultura di coppia permane nella vita quotidiana: le amicizie, l'arredamento, le abitudini alimentari, il modo di celebrare il Natale, l'approccio al dialogo, l'hobby della vela, le trasmissioni televisive preferite – in tutto si rispecchia la coppia alla quale si apparteneva in passato. È un passato che non può essere mai cancellato del tutto. Le coppie che sono consapevoli del problema contrapporranno gradualmente al vecchio mondo uno nuovo. Ogni mobile acquistato insieme, ogni rituale inventato insieme farà scivolare sempre più sullo sfondo la storia precedente.

Le coppie con figli di relazioni precedenti, devono compiere un ulteriore miracolo: mentre nei primi matrimoni, in genere passa qualche tempo prima dell'arrivo dei figli, nelle relazioni di secondo o terzo letto i figli sono presenti fin dal principio. Invece che in due si è in tre o quattro. E nei fine settimana in sei. È difficile che i genitori adottivi, i figli adottivi e i fratelli adottivi si piacciano dal primo momento. Soprattutto i bambini – e chi potrebbe dargli torto – non sono disposti a cambiare le vecchie abitudini. La regola più importante per le famiglie allargate: non mettetevi in mente di vivere come una famiglia tradizionale. Anche se all'apparenza queste famiglie sembrano far parte del normale universo padre-madre-figli, in realtà sono costellazioni a sé stanti. Il loro intricato tessuto relazionale richiede regole di gioco originali e fantasiose. E inoltre la coppia dovrebbe essere consapevole che, anche nel caso in cui i figli mostrino una immediata simpatia per il genitore adottivo, passeranno uno o due anni prima che lo accettino come educatore.

Un terzo problema nasce dalla situazione economica, per esempio quando lui, per adempiere agli obblighi di mantenimento, dispone di molto meno denaro rispetto a lei. Oppure quando il mantenimento della ex famiglia limita drasticamente il budget della nuova famiglia. O ancora perché nascono invidie tra i figli, di lei, di lui e quelli di entrambi su quanto ciascuno ha, può, ottiene. Per ovvi motivi le coppie alla seconda o terza esperienza tendono a suddividere chiaramente ciò che è tuo e ciò che è mio. La separazione dei beni dovrebbe tutelare ciò che ciascuno ha costruito per sé, ma riduce il campo di azione e sminuisce il senso del noi.

Amore nuovo, felicità nuova

Ciò che dà forza a una coppia è, in ultima analisi, ciò che essa affronta insieme. Le sfide particolari della vita a due spesso rappresentano anche le sue particolari opportunità.

Primo: la maggior parte delle « seconde mogli » deve lavorare, che le piaccia o meno. Ma questo fa sì che tra le seconde relazioni si contino molte coppie paritetiche, in cui ciascuno, secondo le proprie possibilità, inclinazioni e circostanze, contribuisce in ogni campo: lavoro, educazione, gestione domestica. Secondo gli psicologi, queste coppie paritetiche, o *peer-couples,* rappresentano il modello vincente proprio negli anni migliori.

Secondo: è tutt'altro che semplice far convivere sotto lo stesso tetto le figlie di lui e il figlio di lei. Ma i padri delle seconde famiglie si occupano maggiormente dei figli rispetto a quelli delle prime famiglie.

Terzo: le seconde coppie difficilmente riescono a sottrarsi alle ombre del passato. In compenso dispongono di maggiori risorse rispetto a una coppia di lunga data: il secondo matrimonio allarga il sistema sociale.

Quarto: le seconde coppie sanno apprezzare ciò che hanno in comune. Sono animate dalla convinzione di aver ricevuto in dono una preziosa seconda possibilità.

Quinto: con figli o senza, le seconde coppie si portano appresso un bagaglio emotivo molto ingombrante. Ma il loro amore è così nuovo e pieno di speranza da fare invidia a molte coppie che stanno insieme da anni o decenni.

Lo strano comportamento amoroso degli ultra 40enni

La vita amorosa dopo i 40 ha le sue magagne. E anche la vita senza amore. « Siamo realistici », dice con la consueta schiettezza Juliane, l'esperta di diritto del lavoro dalla brillante carriera, « dopo i 40 anni per una donna le probabilità di trovare un uomo ancora libero sono pari a quelle di imbattersi in una collana di diamanti lasciata sulla metropolitana. » Juliane ha 48 anni, è attraente, spigliata, simpatica, un'autentica single che oggi apprezza la sua indipendenza e domani si strugge per un partner al quale non debba spiegare dov'è lo spremiagrumi. Dopo il divorzio dieci anni fa, si è sistemata alla grande. Ma come la maggior parte delle single di mezza età, considera la relazione di coppia come la forma di vita ideale. Ovviamente non una qualsiasi, ma una relazione bella, romantica, affiatata, in cui scoccano ancora scintille e ci si parla con sincerità e ci si sta vicini senza essere soffocanti.

Purtroppo non è tanto facile trovare una simile fortuna. Basta un'occhiata agli annunci matrimoniali per avere un'idea della portata del dilemma. « Giovanile 57enne di bell'aspetto, 1 e 80, cerca 45enne attraente, sensibile, indipendente e amante della vita a due »: di questo tenore sono le richieste specifiche degli uomini negli anni migliori che Juliane esaudirebbe in pieno, se non fosse per la fastidiosa questione dell'età. Evidentemente una partner coetanea esercita sugli uomini con pancetta e capello brizzolato la stessa attrattiva di un PC pentium III con 500 megahertz di frequenza.

Dopo i 40 anni la merce disponibile sul mercato diminuisce, sia per gli uomini, sia per le donne. Più un uomo o una donna sono anziani, più i coetanei sono fuori discussione e maggiori chance hanno partner più giovani. Questa limitazione non ostacola poi molto gli uomini ultra 40enni, a patto che siano ancora relativamente attraenti e benestanti. Accanto alle coetanee forti e sagge, il mercato offre donne più giovani di tutte le età e per tutti i gusti: intelligenti o stupide. Esigenti e docili. Quelle con il complesso edipico e quelle che preferiscono gli uomini maturi ai giovani acerbi. Che cosa saranno mai dieci anni di differenza? O 15, o 25? Qualcosa si trova sempre.

Per le donne ultra 40enni separate e piacenti, valgono altre regole. In parte dipende dal fatto che esistono differenze sociali notevoli tra single uomini e donne nella fascia di età media: mentre tra le donne sono soprattutto professioniste e accademiche a vivere da sole, gli uomini senza partner hanno molto più spesso un livello d'istruzione basso e, di conseguenza, redditi inferiori.

Esiste tuttavia anche un'altra differenza: per le donne la fragrante freschezza non è al primo posto nei loro interessi come avviene per i coetanei maschi. L'uomo per la vita, dicono le donne, deve possedere qualche qualità in più dell'insalata che si sceglie per cena: deve avere un passato, anche se non dev'essere tanto ingombrante da ostacolare il nuovo amore. Un lavoro interessante è un vantaggio, e anche un aspetto sicuro di sé. Dovrebbe saper ascoltare e non essere noioso, dimostrare un gusto ragionevole nel vestire e nell'arredamento non guasterebbe e non deve mai e poi mai chiamare « signorina » nessuna donna, di qualunque età. In compenso può essere tranquillamente un po' più anziano, due o tre anni o anche sei o sette va bene, di più no, perché gli uomini hanno, come sempre, un'aspettativa di vita di sei anni inferiore rispetto alle donne e spesso basta un raffreddore qualunque per farli lamentare in maniera insopportabile. Per le separate, le vedove e le madri single, la situazione si complica ulteriormente: i figli devono trovarlo simpatico, o almeno ok.

Riassumendo: le single a partire dai 40 vorrebbero in genere un compagno colto e intelligente, con il quale invecchiare insieme. Purtroppo i possibili candidati dimostrano interesse per donne troppo più giovani, accanto alle quali hanno la sensazione di rinascere. Per questo il panorama delle relazioni amorose per le donne sopra i 35 si complica. Offerta e richiesta non coincidono. Bisogna tuttavia dire che la situazione non è così drammatica come la dipinge Juliane nei giorni neri.

È proprio quello giusto

Per le donne sopra i 40, l'ideale maschile è rappresentato da tre aggettivi: più vecchio, più alto, più affermato. Questa predilezione ci accompagna da quando avevamo quattordici anni. Vi ricordate? Un ragazzo di una classe superiore, uau. Uno dello stesso anno andava benino. Uno di una classe inferiore era penoso. Purtroppo, gli uomini che giudichiamo papabili, con le tempie brizzolate, dinamici, culturalmente interessanti, con l'avanzare dell'età hanno la tendenza a flirtare con donne sempre più giovani. Oppure sono felicemente sposati. O legati. Senza possibilità di sconti.

Basta. Come tutti i pregiudizi, anche questo contiene un nocciolo di verità, ma gli schemi di pensiero precostituiti restringono il campo visivo. Sarebbe un peccato se l'amore dovesse fallire solo perché qualcuno a prima vista non rientra nella categoria giusta: perché è troppo giovane, oppure troppo vecchio, o separato già due volte, o perché gli mancano tre centimetri, o ancora perché è quasi calvo, anche se poi è bello sentire i capelli a spazzola sotto le mani. Per crescere nell'amore bisogna anche liberarsi dai criteri di giudizio del passato. Chi sa aspettare e ascoltare, invece di scartare subito senza appello, magari non troverà l'uomo della propria vita. Ma forse uno di cui innamorarsi sì.

La loro forza è l'essere non convenzionali

Fortunatamente l'accettazione sociale dei single è molto aumentata. Ma gli studi sociologici dimostrano che le coppie continuano a contare qualcosina in più. Per questo i single sono abituati a nuotare controcorrente, a non smettere mai di pensare e a vivere in maniera leggermente diversa da tutti gli altri. La loro concezione esistenziale non si limita alla felicità regolare reclamizzata dalle casse di risparmio. Come individui che fanno tendenza nella gestione della vita, anche nell'amore sono maturi per modelli esistenziali accettati ma non ancora standardizzati.

Cercate di guardare oltre l'età

Gli opposti si attraggono. Gli uomini di una certa età sono attratti dalle donne più giovani. Perché sono fresche e sfacciate. Gli uomini più giovani prediligono le donne anziane. Perché sono entusiasmanti e decise. Negli Stati Uniti, un marito su cinque è decisamente più giovane della moglie. « Gli uomini giovani sono affascinati dalla fiducia in se stessa e dall'aura della donna matura. Tali legami sono più armoniosi e duraturi di quanto si immagini », scrive lo psicologo americano Jan Sinnott della Towson State University di Baltimora. Un esempio per tutti: la vincitrice dell'Oscar Geena Davis si è sposata in seconde nozze con il chirurgo Reza Jarrahy di 13 anni più giovane. La coppia ha tre figli. Il vantaggio della costellazione matura: i matrimoni in cui l'uomo è più giovane sono quasi sempre più paritetici. La vita amorosa spesso è più intensa rispetto alle relazioni in cui l'uomo è più anziano e perciò anche più stanco. Se poi le donne cessano di fare dell'età un tema fisso, l'amore non ha più ostacoli. La garanzia di durata, tuttavia, non la offre nessuna costellazione matura.

Giudicate la persona, non la professione

Gli uomini cercano in una relazione la bellezza, le donne il benessere economico. È nella nostra natura, per la conservazione della specie. Per questo i primari sposano le infermiere, ma le architette solo di rado i geometri. L'atteggiamento è legittimo, quando si cerca un uomo rappresentativo. Ma quando si è economicamente indipendenti e si cerca un partner per la vita di tutti i giorni, il sesso e le vacanze, la chimica conta più del denaro e dei titoli. Anche quando gli amici di sempre si sorprendono che il nuovo preferisca la pizza al pesce sampietro.

Prendete l'iniziativa

Molte single hanno una vita fantastica, ma con le amiche parlano di quanto sarebbero felici di avere nuovamente un compagno. Anche diversi decenni dopo l'emancipazione femminile, preferirebbero che il nuovo amore cadesse dal cielo. Questi sono i canoni romantici.

Le donne più pragmatiche spesso annunciano di essere in caccia. Alla famiglia. Gli amici, i colleghi, i vicini. Con naturalezza e in maniera consapevole: « Vorrei una nuova relazione. Tenete gli occhi aperti per me? »

All'amica di un'amica è successo così. Per un anno buono venne invitata a tutte le possibili feste di compleanno, serate con la fonduta, sagre, addii al celibato, e cene con i colleghi di lavoro stranieri. La sua cerchia di conoscenze si allargò in maniera esponenziale. Da quattro mesi si è legata a Frank, rimasto vedovo qualche anno fa. Beate lo conobbe attraverso il fratello di una collega che l'aveva invitata alla festa di inaugurazione della nuova casa. Le figlie di Frank si sono opposte, ma la loro resistenza comincia a sbriciolarsi.

Flirtate su Internet

Posso raccontarvi una storia con un lieto fine inaspettato che riguarda Isabella, la quale fino a un anno fa considerava il suo PC come un investimento inutile. Un giorno però un amico le propose di iscriversi a un'agenzia matrimoniale on-line. Isa scomparve dal mondo per sei mesi. Passava il tempo libero nelle chatroom della rete e al telefono con gli uomini che aveva conosciuto via Internet. C'erano un biotecnologo, un eco-architetto, un addetto stampa, un dirigente aziendale e un pediatra, tutti tra i 40 e i 55 anni. Isa si è incontrata con diversi di loro, con due ha avuto anche una breve storia, con un altro ancora va regolarmente a teatro. In questo modo ha scoperto una cosa che non sapeva: le risulta difficile impegnarsi in una relazione duratura. Non appena un uomo propone una vacanza insieme o vorrebbe farle conoscere il figlio piccolo, lei fa un passo indietro. « Da un lato vorrei avere di nuovo un rapporto stabile, dall'altro ho paura di buttarmi via. » Ma è ottimista come non le capitava da tempo: « A questo punto, prima o poi verrà fuori anche il compagno giusto ». I numeri parlano per lei: un sondaggio condotto su un campione rappresentativo degli utenti europei di Internet, rivela che l'otto per cento degli intervistati ha conosciuto l'attuale partner in rete.

9. La salute prima di tutto

STILE DI VITA, STRATEGIE DI SOPRAVVIVENZA E ORMONI EXTRA

« Le due parole più belle oggigiorno non sono più "ti amo", ma "è benigno"! » filosofeggia Woody Allen nella sua commedia *Harry a pezzi*. Dopo i 40 non c'è bisogno di essere un ipocondriaco per trovare azzeccata la battuta. È sufficiente aver dovuto aspettare cinque giorni l'esito di una biopsia. Oppure doversi concentrare sul proprio respiro mentre il seno viene schiacciato tra due lastre di vetro. O ancora chiamare l'ambulanza in preda al panico perché la persona più cara al mondo ha avuto un collasso. Dopo i 40 anni la salute diventa un argomento. Quando mia madre mi trasmette i consigli settimanali delle dottoresse della TV, di cui non perde mai nemmeno una trasmissione, ultimamente provo un certo interesse al riguardo. A partire dai 40 anni, si comincia a capire qualcosa che finora si era ignorato: se non ci si decide a dare una svolta alla propria vita in senso salutista e disciplinato, si buttano via voglia e anni di vita. In questo capitolo vi spiegherò come diminuire l'età che vi sentite.

Quanto siete giovani in realtà?

Se con l'età anagrafica dobbiamo convivere, quella biologica possiamo ridurla di parecchi anni. Dozzine di comportamenti scientificamente dimostrati ci permettono di riportare indietro le lancette, senza liposuzione, pillole di aglio e la rinuncia a tutto ciò che è buono, usando, al contrario pesce e olio d'oliva, sesso e rilassamento e qualche altra piacevole abitudine. Più il vostro modo di vivere è consapevole, più siete giovani a paragone di quanti fanno poco o nulla per se stessi. Il dottor Michael F. Roizen, esperto antietà e direttore del Medical Center della University of Chicago, ha messo a punto un test che misura la vostra età biologica.

Per ogni domanda fate una crocetta sulla risposta che meglio vi rappresenta.

Domanda 1
Quante volte fate colazione?
- più di cinque volte a settimana −0,5
- due o tre volte a settimana +0,5
- meno di due volte a settimana +1

Domanda 2
Quante volte mangiate frutta e verdura?
- cinque porzioni al giorno −1
- due o tre porzioni al giorno +0,5
- di rado o mai +1

Domanda 3
Quanto alcol bevete?
(1 bevanda corrisponde per esempio a 125 cl di vino, 330 cl di birra o 6 cl di cognac)
- più di due bicchieri al giorno +1,5
- di rado o mai 0
- 1 o 2 bicchieri al giorno +0,5

Domanda 4
Quante volte mangiate carne o insaccati?
- più di due volte a settimana +0,5

• una o due volte a settimana	0
• mai o meno di una volta a settimana	−1

Domanda 5

Fumate?

• sì, da più di 10 anni	+3
• sì, da meno di 10 anni	+2
• no	−3
• non più da 3-5 anni	−1,5
• non più da 1-3 anni	0

Domanda 6

Com'è la vostra pressione?

• normale (120-80)	−2
• leggermente alta (140-90)	+1
• molto alta (150-95)	+3

Domanda 7

Siete esposti al fumo passivo?

• no	0
• fino a 1 ora al giorno	+1
• da 1 a 3 ore al giorno	+2
• più di 3 ore al giorno	+3

Domanda 8

Soffrite di malattie alle gengive?

• no	−2
• gengiviti	+0,5
• paradentosi	+2

Domanda 9

Qual è il vostro indice di massa corporeo?
(la formula per calcolare l'IMC: peso in kg diviso per il quadrato dell'altezza in m)

• 9-25	−0,5
• 26-28	+2
• 28 e oltre	+3

Domanda 10

Siete ingrassati dopo il 18° anno di età?

• no, o meno di 7 kg	0
• si, tra 7 e 15 kg	+1
• sì, più di 15 kg	+2,5

Domanda 11

Quante volte fate sport in media a settimana nel corso di un anno?

• mai	+2
• una volta a settimana	0
• 2-3 volte a settimana	−1
• cinque volte a settimana	−2

Domanda 12

Quante ore dormite in media per notte?

• più di 8,5 ore		+1,5
• meno di 6,5 ore		+1
	donne	uomini
• 6,5-7,4 ore	−1	+0,5
• 7,5-8,5 ore	0	−0,5

Domanda 13

Con quale frequenza avete contatti con amici, parenti, conoscenti?

• almeno sette volte al mese	−1,5
• almeno tre volte al mese	−1
• due volte	−0,5
• una volta	0
• mai	+2

Domanda 14

Quale età hanno raggiunto i vostri nonni?

tutti e quattro più di 75 anni	−1
• 3 più di 75 anni	−0,5

- 1 o 2 più di 75 anni — 0
- nessuno più di 75 anni — +1,5

Domanda 15

I vostri genitori sono separati?

- sì, prima del mio 21° compleanno — +3
- sì, dopo il mio 21° compleanno — 0
- no — −0,5

Domanda 16

Qual è il vostro attuale stato civile?

	donne	uomini
• felicemente sposato	−0,5	−1,5
• single	0	+3
• vedovo	+1	0
• separato	+2	+1

Domanda 17

Di quante persone è composto il vostro nucleo famigliare?

- da quattro a sei — −0,5
- tre — 0
- due o sette — +0,5
- una (voi) — +1,5

Domanda 18

Qual è il vostro titolo di studio?

- diploma universitario — −0,5
- diploma di scuola superiore — 0
- licenza media — +0,5
- licenza elementare — +1

Domanda 19

Siete soddisfatti della vostra vita sessuale?

- molto — −1,5
- abbastanza — −0,5
- no — +0,5
- la partner / il partner è infedele — +2

Domanda 20

Il vostro stile di vita corrisponde a quello di un gruppo di età inferiore? (Per esempio: avete figli ancora piccoli, vivete o lavorate in un ambiente in cui il resto delle persone è 10-15 anni più giovane di voi, lavorate in un ramo giovane e creativo)

- sì −1
- no 0

Domanda 21

Quanti eventi negativi avete dovuto affrontare nell'ultimo anno? (Per esempio: grave malattia o morte in famiglia, divorzio, perdita del lavoro, cambio di occupazione, fallimento, problemi economici)

- nessuno 0
- uno +1
- due +2
- tre +3

Come calcolare l'età biologica effettiva

Sommate tutti i punteggi positivi e poi sottraete quelli negativi. Moltiplicate il risultato con il fattore di moltiplicazione legato all'età: *25-39 anni: 0,3; 40-49 anni: 0,4; 50-59 anni: 0,5; 60-69 anni: 0,6*. Otterrete un numero positivo o negativo che va sommato o sottratto alla vostra età anagrafica. Il risultato sarà la vostra età biologica.

Un suggerimento: questo test è una versione accorciata di quello sviluppato da Roizen, molto più esauriente. Prendete pertanto il risultato come punto di riferimento e non come valore assoluto. Se volete provare il test completo, lo trovate solo in inglese al seguente indirizzo: www.realage.com

Come la vita di oggi determina quella di domani

Gli studi dimostrano in misura sempre maggiore che la voglia di vivere e l'aspettativa di vita sono determinati geneticamente solo per il 30 per cento. Il restante 70 per cento dipende dallo stile di vita. Quanti anni viviamo e quanto ci sentiamo giovani dipende infatti da ciò che mangiamo, quanto dormiamo, quanto ci muoviamo, quali stress ci colpiscono, se ci mettiamo la cintura di sicurezza, quali riserve interiori di forza abbiamo a disposizione, se ascoltiamo oppure ignoriamo i segnali del corpo. Non sono le pillole a ringiovanirci e a farci stare bene dopo i 40 anni, quanto piuttosto la volontà di prendere tante piccole decisioni quotidiane per il bene della nostra salute.

Persino il cancro e l'infarto, le due malattie killer che impariamo a temere dopo i 40, solo in apparenza vengono dal nulla. Entrambe sono favorite da mancanza di movimento, alimentazione sbagliata e consumo di tabacco e di alcol, anche se è difficile valutare in quale misura. Ma, secondo uno studio pubblicato nell'agosto 2003 sulla rivista americana specializzata *Journal of the American Medical Association (JAMA)*, soltanto il 10 per cento delle morti per infarto è da imputare a cause genetiche e perciò inevitabili.

Vero è che le indagini scientifiche sono oppugnabili, soprattutto quelle che riguardano malattie multifattoriali come tumori, ictus, infarto cardiaco o diabete. I fattori di rischio implicati si sommano e ed è pertanto possibile contrapporre a ogni studio una contro-indagine. Tanto più convincenti reputo perciò i fatti che la vita stessa racconta. Lo studioso George E. Vaillant di Boston li ha analizzati.

Da più di 30 anni Vaillant dirige l'*Harvard Study on*

Adult Development, un'analisi prolungata di 824 uomini e donne, partita nel 1938. A partire dagli anni Quaranta, i soggetti esaminati si sottopongono regolarmente a visite mediche e forniscono informazioni sulle proprie condizioni psicosociali. Da quando sono invecchiati, il dato più evidente è che la parte di loro sana e soddisfatta smentisce l'immagine di una vecchiaia triste. Rispetto a quelli malati e infelici, essi sono ancora in condizioni tali da poter godere appieno la vita anche a 70 o 80 anni. Le basi di questo successo sono state poste dai *master survivors* di Vaillant già a partire dai 40 anni:

- Il 97 per cento non ha mai fumato o ha smesso prima dei 45 anni.
- Il 100 per cento beve poco alcol.
- L'80 per cento vive una felice relazione di coppia.
- L'85 per cento fa moto regolarmente.
- Il 95 per cento ha un peso normale.
- Il 67 per cento dispone di consolidate strategie esistenziali: sono sempre stati grati dei lati positivi della loro vita e hanno affrontato le difficoltà con previdenza, ironia e attivamente.
- La maggior parte di loro ha terminato con successo gli studi.

È pertanto evidente che è possibile prevedere le condizioni psicofisiche di una persona a 70 anni, in base alla vita che conduce a partire dai 40. Ovviamente, ciò non diminuisce l'importanza che fattori genetici, incidenti, problemi famigliari o agenti inquinanti possono avere sulla salute e sull'aspettativa di vita di una persona, né rende superflui gli ormoni anti-invecchiamento, la prevenzione o gli integratori di omega 3. Tuttavia, spesso tendiamo a sottovalutare gli aspetti meno spettacolari con cui è possibile mantenere la salute fisica e di conseguenza l'abituale qualità della vita. In fondo lo sappiamo da molto tempo come fare per restare sani – il problema è che non ci impegniamo o facciamo troppo poco per mettere in pratica le strategie vincenti.

Le sette migliori strategie ringiovanenti

Nella maggior parte delle persone, tra i 40 e i 50 anni il fisico continua a funzionare in maniera soddisfacente come dieci o vent'anni prima – anche se finora non si è mai dato troppo peso alla salute. La differenza tra una vita consapevole e una vita sregolata si manifesta solo più avanti negli anni.

Tra i soggetti dello studio di Vaillant, coloro che a 50 anni sono riusciti ad attuare almeno cinque o sei fattori di protezione, a 80 anni rappresentavano la buona metà del gruppo dei sani e soddisfatti. Viceversa, di coloro che a 50 anni avevano una salute di ferro ma non avevano attuato più di quattro fattori di protezione, *nessuno* ha raggiunto questo elevato livello qualitativo: una parte di essi era già morto, mentre il resto apparteneva al gruppo degli infelici e malati. Chi vuole conservare la salute in età avanzata, deve porre le basi per riuscirci con notevole anticipo.

Rinunciate alla nicotina

Non è una novità: i fumatori non solo sottraggono anni alla propria vita, ma anche vita agli anni. Invecchiano più in fretta, si sentono più deboli, hanno un aspetto peggiore e statisticamente muoiono dieci anni prima rispetto ai non fumatori. L'*Harvard Study on Adult Development* lo ha dimostrato: chi non aveva mai fumato fino a 50 anni aveva le maggiori prospettive di poter condurre una vita attiva e interessante anche dopo i 70. I forti fumatori rientrano nella categoria dei morti prematuri dieci volte più che in quella dei Master Survivors. In ogni caso, per gli ultra 40enni di oggi non è ancora tutto perduto. Chi smette di fumare entro i 45, a 70 anni ha una salute paragonabile a quella di chi non ha mai fumato. Un effetto collaterale immediato: l'aspetto ringiovanisce.

Fate tesoro di ogni esperienza

Il secondo indicatore per ordine di importanza di un invecchiamento efficace viene individuato da Vaillant in buone strategie di elaborazione dei problemi. Chi, a partire dai 40 anni, affina la capacità di trovare il lato positivo in ogni avvenimento, anziché ingigantire ogni piccolo ostacolo, a 70 anni non godrà necessariamente di una salute migliore degli altri. Tuttavia, il modo in cui si affronta una situazione è di sicuro molto più decisivo della situazione in se stessa. Per questo i malati cronici che sperano nella guarigione sono soggettivamente più sani dei pazienti che temono il peggio.

Siate morigerati nel consumo di alcol

Ogni anno in Germania 42.000 persone muoiono direttamente o indirettamente a causa del consumo di alcol – dagli incidenti provocati dallo stato di ebbrezza alla cirrosi epatica. Bevuto in maniera esagerata, l'alcol distrugge i rapporti umani, i progetti di vita e la vita stessa. Da un lato.

Dall'altro molti studi dimostrano che uno o due bicchieri di vino rosso al giorno possono rallentare l'invecchiamento delle arterie e diminuire il rischio di infarto. Un altro dato dimostrato è che le persone che fanno un consumo moderato di alcol vivono di più e sono mediamente più sane degli astemi. La cosa, tuttavia, non dipende tanto dalle proprietà salutari del Pinot Nero o della Piña Colada, quanto dall'atteggiamento di vita: mentre le persone che bevono volentieri un bicchiere di vino di tanto in tanto appartengono in genere al gruppo degli ottimisti godereccì, gli astemi spesso si definiscono come introversi e pessimisti.

Gustato in piccole dosi l'alcol ci fa bene. Gli scienziati della Società tedesca di nutrizione (DGE) calcolano una dose priva di rischi in 10 g di alcol puro per le donne e 20 g per gli uomini. 10 g di alcol sono contenuti in 125 cl di vino, in un bicchiere piccolo di birra o una doppia grappa. Ogni dose in più può causare problemi di salute.

Godetevi la vita in due

Le coppie affiatate vivono più a lungo e restano giovani più a lungo. Secondo Roizen, le persone felicemente sposate hanno un'età biologica fino a 6,5 anni inferiore rispetto ai coetanei single. Sono soprattutto gli uomini a trarre giovamento da una relazione salda e felice, anche dal punto di vista della salute. Nelle donne il matrimonio ha un effetto ringiovanente nettamente inferiore. Una ragione potrebbe essere la suddivisione dei ruoli nella coppia, oppure anche che le donne dispongono di una rete sociale più fitta rispetto agli uomini e non basano tutto il loro sostegno emotivo soltanto sul marito. A partire dai 50 anni, anche per le donne il matrimonio diventa una fonte di giovinezza - anche più forte che per gli uomini.

Mettetevi in movimento

Susanne e Bernhard erano una coppia come tante nella loro cerchia di amici: topi di biblioteca, appassionati di cinema e di teatro. Soltanto il movimento, soprattutto quello che provocava sudore, era giudicato da entrambi come una perdita di tempo. Poco dopo il 40esimo compleanno di Susanne, tuttavia, la ragione ebbe il sopravvento: visto che il girovita si era allargato e il colesterolo era aumentato, presero l'abitudine di fare una passeggiata intorno all'isolato tutte le sere. Queste camminate a passo spedito si trasformarono ben presto in gite di mezza giornata nella vicina Algovia, e da lì in escursioni di due giorni per i rifugi di montagna. Seguirono poi vacanze di trekking in Scozia e sulle Dolomiti. Nel frattempo Susanne e Bernhard si avvicinano ai 50. Per l'anno prossimo hanno in programma un viaggio in Nepal per un trekking sulla parete orientale dell'Everest.

Gli studi lo dimostrano: muoversi regolarmente fa diminuire il rischio di infarto, rinforza il sistema immunitario, impedisce il sovrappeso e previene osteoporosi, artrite, diabete e cancro. A tutto questo va aggiunto l'effetto psicologico: l'allenamento crea la sensazione di fare qualcosa di mirato per se stessi. Secondo Roizen una persona dovrebbe bruciare almeno 2000 calorie settimanali con moto e sport. Basta qualsiasi genere di attività fisica, dal trasporto di mobili fino alla maratona. Ideale sarebbe una miscela di attività quotidiane come giardinaggio o pulizie di casa, allenamento aerobico come bicicletta o pattini ed esercizi di potenziamento e mobilità, con pesi ed elastico.

Fate una bella figura

Secondo uno studio ormai classico del National Institute of Aging americano, il consumo energetico di una persona diminuisce di circa 600 calorie tra i 30 e gli 80 anni per vari motivi tra i quali il fatto che, a partire dai 30 anni, il corpo brucia meno calorie perché la massa muscolare viene sostituita da tessuti adiposi e le persone con il passare degli anni si muovono sempre meno. Se a questo si aggiunge che, con l'aumento dell'età, il cibo acquista valore nella scala dei piaceri, non sorprende che la percentuale di individui in sovrappeso lieve o grave aumenta esponenzialmente dopo i 40 anni. Tra gli uomini sono troppo grassi almeno la metà degli ultra 40enni e più di due terzi degli ultra 50enni. Nelle donne, la quota di quelle in sovrappeso sale tra i 35 e i 50 anni dal 29 al 47 per cento. Si intende in sovrappeso chi ha un indice di massa corporea superiore a 25.

I chili di troppo non gravano solo sulla linea, ma aumentano il rischio di malattie e accelerano il processo di invecchiamento. La maggior parte dei medici sono concordi nell'affermare che chi riesce, con una combinazione di movimento fisico e alimentazione regolare e ipocalorica, a mantenere l'ICM al di sotto di 24, ritarda anche di anni la comparsa di malattie tipiche dell'invecchiamento, come ipertensione, disturbi del sistema cardiovascolare, diabete, gotta, calcolosi oppure malattie articolari.

Non smettete mai di imparare

L'istruzione e l'apprendimento costante si rivelano un fattore di salute da non sottovalutare.

- In Europa un professore universitario vive in media nove anni più di un lavoratore privo di istruzione.
- In una ricerca condotta a Vienna nel 1999, solo il 55 per cento delle donne con licenza elementare giudicarono buono il proprio stato di salute rispetto all'85 per cento delle diplomate di scuola superiore.
- Secondo uno studio dell'università Duisburg-Essen, su 4800 soggetti, le donne prive di istruzione vivono in media con un fattore di rischio di 2,2 rispetto alle malattie cardiovascolari (sovrappeso, fumo, ipertensione). Le donne con il diploma di scuola superiore al contrario mostrano un fattore di rischio dell'1,1 sol-

tanto. Per gli uomini i valori sono rispettivamente 1,9 e 1,5.

- Dalla ricerca di Harvard emerge che i soggetti esaminati con diploma universitario a 80 anni presentavano uno stato di salute paragonabile a quello dei settantenni senza laurea.

Le differenze di istruzione non si manifestano solo nel reddito, nell'affaticamento fisico e nella capacità di continuare a imparare per tutta la vita. Le persone con un'istruzione superiore spesso sono più informate riguardo alla salute e avvertono una maggiore pressione sociale a mantenersi in forma, snelle e prestanti. Praticano più spesso sport, pesano e fumano di meno, si sottopongono più spesso a visite di controllo e grazie alla loro preparazione possono comunicare a livello paritetico con i medici.

Fattori di ringiovanimento rischiosi

Secondo i sociologi, l'antietà diventerà la tendenza principale del nostro secolo. Non bisogna essere dei veggenti per prevedere questa evoluzione. Attualmente un tedesco su due ha più di 40 anni e praticamente tutti si augurerebbero ciò che Monika Maron ha descritto in maniera tanto efficace: « È naturale che voglio ciò che tutti desiderano: vivere a lungo. E naturalmente non voglio ciò che nessuno desidera: invecchiare ».

L'ondata anti-invecchiamento ci riguarda da vicino. Per rallentare i processi di invecchiamento, alcune persone sono disposte a spendere somme esorbitanti e a correre rischi altrettanto elevati. Alte dosi di vitamine, ormoni come estrogeni, testosterone, DHEA, melatonina e l'ormone della crescita HGH sono considerati armi miracolose contro l'età. Dovrebbero garantire buonumore, pelle liscia e capelli lucenti, desiderio sessuale e potenza, forza muscolare e ossa robuste.

Laddove le pillole di vitamine tra i 40 e gli 80 si sono dimostrate, secondo uno studio condotto dall'università di Oxford, tanto innocue quanto inutili, non si può dire altrettanto delle terapie ormonali. È addirittura possibile che esse attirino spettri di cui in seguito non potremo più liberarci, come tumori, trombosi, infarti. Degli ormoni si è cominciato a parlare negli ultimi tempi – non solo DHEA & co., ma anche gli ormoni sessuali noti da decenni.

Nella fascia di età tra i 50 e i 59 anni, una donna su due li ha presi fino a poco tempo fa. In media si tratta più spesso di donne che vivono in coppia, rispetto a quelle single, e di cultura superiore. Ne deriva una semplice conclusione: le donne inghiottono, si appiccicano e si spalmano ormoni non solo contro le caldane e l'osteoporosi, ma anche perché arrossamenti cutanei e depressione non si addicono alla moderna immagine della donna di successo, decisa nel lavoro, sorprendente a letto e sfavillante alle feste.

Purtroppo ormai, sono venuti alla luce tutti i retroscena negativi di tali presunti rimedi magici. Nell'estate 2002 è stata interrotta prima del tempo la vasta ricerca del Women's Health Initiative sulla terapia sostituiva ormonale nella menopausa e dopo. Il motivo: nel corso dell'indagine si era registrato un preoccupante aumento delle malat tie potenzialmente mortali. Dopo un trattamento durato cinque anni abbondanti con un cocktail di estrogeni e progestina, tra le donne interessate i casi di ictus erano aumentati del 41 per cento, gli infarti del 29 per cento e i tumori al seno del 26 per cento. Per questo il dipartimento tedesco per la medicina e la farmacologia invita i ginecologi ha usare i dosaggi minimi e per il periodo di tempo strettamente necessario, in modo da ridurre al minimo i rischi legati alla somministrazione di ormoni.

Le informazioni negative sugli ormoni preoccupano, anche se il ginecologo le liquida come allarmismi ingiustificati e ride delle alternative naturali. È possibile che in realtà veda in pericolo una affidabile fonte di guadagno, proprio adesso in cui dovunque si cerca di risparmiare in materia di sanità.

Ciascuno deve decidere individualmente se e quando e in quali condizioni assumere ormoni. Al momento non è possibile dare una risposta univoca e affidabile. Una cosa soltanto è sicura: gli ormoni non sono pillole miracolose, da provare con leggerezza. Allo stato attuale delle ricerche, non si possono escludere rischi ed effetti collaterali.

Antietà? Sì, grazie!

La medicina anti-invecchiamento si è affermata con le terapie ormonali, le sostanze vitali e il trattamento antirughe – terapie estetiche che promettono la giovinezza eterna senza sforzi interminabili. Per questo a volte può dare l'impressione che non abbia molto da offrire a quanti rifuggono dal sottoporre il proprio corpo a interventi abborracciati.

Per fortuna le cose non stanno così. Per gli esperti di antietà moderni e completi, il nuovo trend non si esaurisce con trattamenti a base di ormoni o misure estetico-cosmetiche. Il loro obiettivo primario è piuttosto quello di conservare in salute il più a lungo possibile gli individui sani. La maggior parte delle malattie dell'età avanzata non si sviluppa dall'oggi al domani, ma in un lasso di tempo che può durare anni o decenni. Infarto, ictus, artrosi, reumatismi e diabete sono « malattie degenerative », strettamente legate all'invecchiamento del corpo.

> « *Un declino curato – per me ne vale la pena.* »
> HARALD SCHMIDT

La medicina antietà entra in azione proprio per contrastare i processi di invecchiamento, prima che si mettano in moto o al loro insorgere. E non solamente quando sono già visibili i primi danni, come accadeva fino a poco tempo fa. L'obiettivo centrale è il rafforzamento della salute e della qualità della vita, il cosiddetto *caring*, e non la lotta contro la malattia, ovvero il *curing*. Un ruolo importante è svolto dalle energie individuali, create dal contesto corpo, spirito e anima. Per questo un piano di trattamento antietà veramente serio implica sempre anche una terapia antistress, un programma di attività fisica personalizzato e il rafforzamento delle risorse personali: dal saper affrontare con metodo le sfide della vita fino a un sonno ristoratore e a una appagante attività sessuale.

Si può affermare che l'antietà è sostanzialmente una moderna forma di medicina preventiva. Molto di ciò che ci offre è sempre esistito, ma si presentava sotto vesti meno attraenti. Wellness, fitness e antietà rivestono di nuova luce il pensare e l'agire per la salute. Al posto di prescrizioni e divieti infiniti, che guastano il piacere di occuparsi della propria salute, ecco che entra in gioco il *personal health management*. L'antietà stimola a organizzarsi la vita in modo che risulti fisicamente e psicologicamente soddisfacente.

Dietro tutto questo c'è la consapevolezza che pensieri, emozioni e circostanze di vita influiscono sul benessere di una persona più di quanto si è portati a credere. Ciò è particolarmente evidente nel modo di vivere la menopausa: dal punto di vista biologico, quello che accade durante questo passaggio è uguale per tutte le donne – il tasso ormonale precipita drasticamente – ma solo un terzo delle donne manifesta disturbi gravi. Secondo una ricerca condotta da Beate Schultz-Zehden, docente dell'istituto di psicologia medica all'università di Berlino, due terzi delle donne soffrono soltanto di leggere caldane oppure non ne soffrono affatto. Più della metà continua a dormire bene, tre quarti hanno crisi depressive lievi passeggere.

Le donne che vivono meglio la menopausa sono quelle che apprezzano il proprio corpo, fanno sport più volte a settimana e praticano il sesso con lo stesso entusiasmo dei 25 anni – donne forti che partecipano con consapevolezza alla vita professionale, famigliare, sociale. Le donne che soffrono di più per la menopausa sono quelle il cui pensiero dominante è la salute e l'aspetto esteriore, che vogliono sempre fare tutto bene e hanno manifestato già con parecchio anticipo i propri timori per il climaterio e l'invecchiamento.

Scoprite le vostre fonti di salute personali

Nessuno meglio di voi stessi può sapere che cosa vi dà forza e vi fa bene. Un medico può avanzare una diagnosi e dare consigli. Ma per restare o diventare sani, ci vuole molto di più che evitare rischi. Le riflessioni proposte di seguito possono aiutarvi a individuare le vostre fonti di forza individuali.

- Come vi rilassate meglio? Con lo yoga? La musica? In cucina? Occupandovi di giardinaggio? Con lo spinning?
- Quali cibi e quali bevande vi fanno particolarmente

bene? Ci sono alimenti che privilegiate quando vi sentite spompati o malati?

- Quali rituali vi aiutano a dormire bene?
- Che cosa fate contro stati d'animo malinconici o depressivi?
- Vi concedete delle pause regolari nel corso della giornata? Durante la settimana? Nell'anno?
- Vi dedicate a qualche hobby particolare?
- Qual è il vostro sport preferito? Lo praticate con entusiasmo o piuttosto vi obbligate a farlo razionalmente?
- Quanto vi soddisfano i vari ambiti della vostra vita? Il rapporto di coppia? La famiglia? Il lavoro? La casa? Il tempo libero? Gli amici? Quali vi arricchiscono e quali vi costano energie?
- Siete credenti? Credete in una potenza superiore, in un ordine predeterminato?
- Avete una ricetta vostra che vi aiuta a rimettervi in forze rapidamente quando siete raffreddati o soffrite di un disturbo di stomaco?
- Ridete spesso e volentieri?
- Come dev'essere un fine settimana per farvi affrontare la nuova settimana con energia?
- Esiste un posto nella vostra casa o nelle immediate vicinanze dove vi trovate particolarmente bene?
- Quali persone nella vostra vita vi danno sostegno e forza?
- Le situazioni difficili per voi sono ingiustizie del destino, oppure sfide da gestire attivamente?
- Guardate al futuro con ottimismo o scetticismo?
- Andate per la vostra strada? Vi formate un vostro giudizio? Perseguite i vostri obiettivi? Siete eccentrici o seguite piuttosto la corrente?

Chi sperimenta molto, scopre molto

Siamo in grado di ascoltare dentro noi stessi e il nostro corpo, ma purtroppo non possiamo guardare dentro di noi. Per questo, anche se la generazione di mezzo gode mediamente di ottima salute, con il passare del tempo diventa sempre più difficile sottrarsi alle malattie.

Il motivo è semplice: dopo i 40 anni i malesseri diffusi non possono più essere liquidati come innocui disturbi passeggeri. Dopo i 40 si è vissuto abbastanza da sapere che i sintomi anche più lievi possono preannunciare gravi malattie. Dopo i 40 termini come valori di PSA (Antigene Prostatico Specifico), marcatori tumorali e densità ossea fanno parte del vocabolario corrente. E il check-up completo diventa una buona abitudine. Siamo esperti di quadro ematico completo ed ECG su 24 ore, di mammografia e pap-test e di rettoscopia.

Chi salta per una volta il giro sulla giostra della prevenzione, chi opta frivolamente per due biglietti del cinema al posto dell'ecografia a pagamento, viene assalito dai rimorsi. Dopo tutto non piacerebbe a nessuno doversi rimproverare di aver fatto troppo poco per la propria salute.

D'altrocanto, c'è da chiedersi se i lunghi e snervanti esami a tutto campo non siano più dannosi che utili. Dopo i 40 è difficile che un paziente esca dall'ambulatorio medico così sano come credeva di essere quando ci è entrato: per una donna sono le cisti ovariche, per l'altra i calcoli biliari, per la terza la pressione alta, per la quarta l'esito positivo dell'esame per il sangue occulto. Prima ancora di rendercene conto, veniamo risucchiati nel vortice di un'industria medica che ha scoperto la diagnostica come lucrativa fonte di reddito. Non ci sarebbe niente da obiettare se noi, come pazienti, potessimo avere la certezza che gli eventuali esami preventivi sono proprio quello che ci serve. Ma al momento nessuno è in grado di garantircelo.

La prevenzione può individuare fattori di rischio, come uno rapporto sfavorevole tra colesterolo LDL e HDL. E può salvare la vita, per esempio se un nodulo maligno viene scoperto a uno stadio iniziale. Ma purtroppo a volte la prevenzione può anche avvelenare l'esistenza, a causa di falsi allarmi e diagnosi errate che creano insicurezza.

Nel loro libro *Mythos Krebsvorsorge* («Il mito della prevenzione dei tumori») Christian Weymeyr e Klaus Koch hanno indagato quali danni può causare il riconoscimento precoce del tumore sulla qualità della vita.

«Tra 1000 soggetti sottoposti ad accertamenti, alla fine viene prolungata la vita di 1-3 malati di tumore al colon o al seno», scrivono gli autori. «Gli altri 997-999 esaminati, in realtà perfettamente sani, rischiano danni alla salute.»

Le biopsie e il panico di uno o più giorni di un esito positivo sono il minimo, anche se sono ben pochi i medici che minimizzano le paure, mentre la maggior parte sottolinea sbagliando la probabilità di un esito positivo. Dei tumori rivelati con la mammografia, per esempio, soltanto uno su dieci si rivela effettivamente maligno.

Molto peggio è quando gli accertamenti preventivi non prolungano la vita, ma soltanto la sofferenza. Perché il tumore è già inguaribile quando viene scoperto. In questo caso il riconoscimento precoce serve soltanto ad anticipare la diagnosi. Senza la doverosa visita dal medico, i pazienti avrebbero potuto vivere almeno ancora per qualche tempo senza angosciarsi.

A questi casi vanno aggiunti i tumori a crescita lenta, pressoché asintomatici. I pazienti a cui vengono diagnosticati non muoiono per il tumore, ma con esso. Esempi tipici sono il carcinoma duttale per le donne e le forme a progressione lenta del tumore alla prostata per gli uomini. Dato che spesso non è possibile definire il grado di pericolosità di un tumore, la terapia è sempre aggressiva. Con tutto ciò che ne consegue. Da lì in poi i malati e le loro famiglie vivono con il pensiero e con gli effetti di interventi e terapie a volte superflui. E con la paura di una recidiva. « Il non sapere », riflettono Weymeyr e Koch, « a volte può essere una benedizione. »

La diagnosi precoce è giusta e importante, ma non è senza problemi. Molti esami sono considerati superati, clinicamente discutibili e poco precisi. La loro utilità è spesso inferiore a quanto facciano credere i numeri. Prendiamo ancora una volta come esempio il tumore al seno: di 1000 donne tra i 50 e i 69 anni che ogni due anni si sottopongono a un esame radiologico, ne muoiono tre per tumore. Senza mammografia sono quattro. Questo si intende quando si dice che la mortalità del tumore al seno potrebbe diminuire di un ulteriore 25 per cento se tre quarti delle donne sopra i 40 si sottoponessero regolarmente a una mammografia. Lo screening farebbe diminuire il rischio individuale di ciascuna interessata dello 0,1 per cento circa.

È vero, i numeri non mentono, ma il valore dato a un determinato esame dipende in forte misura dalle proiezioni statistiche ad esso legate.

La diagnosi precoce è una lama a doppio taglio e la sua utilità è ancora controversa. Personalmente ho sempre scelto di sottopormi ad accertamenti, nonostante tutte le mie riserve. Il tema è troppo complesso – e troppo vitale, per potermi concedere capricci. Il check-up annuale di sicuro ha un effetto: mi dà la sensazione di prendermi cura della mia salute. Dalle esperienze di amici, so quanto sia importante, quando ci viene diagnosticata una malattia grave, poter dire a se stessi di non aver trascurato niente.

Perché le donne invecchiano...

L'aspettativa di vita continua a salire, con una costante che resta invariata ormai da anni: il sesso debole in media vive sei anni più a lungo di quello forte. Questa disparità tra uomini e donne è un fenomeno mondiale che neppure il drastico miglioramento delle condizioni di vita degli ultimi decenni ha potuto cambiare.

Gli studiosi spiegano questa differenza tutt'altro che trascurabile con una miscela di cause sociali e biologiche. Gli uomini restano più spesso vittima di incidenti mortali rispetto alle coetanee, fumano di più, si sottopongono più raramente ad accertamenti preventivi, mangiano all'incirca una volta e mezzo più carne delle donne e molta meno frutta e verdura e accumulano peso in eccesso già tra i 30 e i 50 anni. L'incidenza del tumore dell'intestino negli uomini è doppia rispetto alle donne, quella della cirrosi epatica tripla e gli infarti sono cinque volte più frequenti. A questo vanno aggiunte le differenze ormonali. In generale gli uomini per natura sono più soggetti a infezioni e meno attrezzati contro le malattie cardiovascolari.

Una interessante ricerca condotta dall'istituto federale di indagini demografiche a Wiesbaden ha dimostrato che gli uomini potrebbero tranquillamente vivere quattro o cinque anni di più se cambiassero il loro stile di vita. Il demografo Marc Luy ha confrontato i dati sulla mortalità tra più di 11.000 monaci e suore dei monasteri bavaresi tra il 1890 e il 1995. Ne è risultato che i monaci morivano soltanto uno o due anni prima delle suore, che a loro volta, vivevano esattamente tanto quanto le donne al di fuori dei monasteri. Vale a dire che, a parità di condizioni di vita, con un'alimentazione e un'organizzazione della giornata praticamente identici in un regime di contemplazione anziché concorrenza, uomini e donne hanno aspettative di vita quasi uguali.

... e gli uomini maturano

Gli uomini possono ignorare l'invecchiamento, almeno inizialmente, mentre alle donne non è possibile. Dopo i 40 la capacità riproduttiva femminile crolla precipitosamente. Il loro prestigio è molto più legato all'aspetto esteriore rispetto agli uomini. Il loro fascino dipende molto di più dalla giovinezza, la freschezza e la delicatezza.

In un primo momento è una constatazione che ci fa male, ma alla lunga torna a nostro vantaggio.

Partiamo dal punto di vista fisico: le donne colgono i primi segni di invecchiamento come un sismografo – e reagiscono prontamente. Fitness, esercizi antistress e alimentazione sana acquisiscono sempre maggiore valore a partire dai 40 anni. Con il loro impegno per restare belle e in forma, le donne pongono le basi di una vecchiaia lunga e sana. E proprio nel momento più vantaggioso, ovvero tra i 40 e i 50 anni.

Anche emotivamente si rivela vantaggioso per le donne dover affrontare i cambiamenti dell'età senza farsi illusioni. È vero, un tempo eravamo più sode e più fresche, ma niente ci impedisce di compensare la giovinezza che ci abbandona con la nostra personalità, l'intelligenza e il successo. Le donne che si pongono questo obiettivo riescono quasi sempre a trionfare sulle offese del tempo e a 50 anni molte di loro hanno già raggiunto ciò che gli uomini devono ancora affrontare: trovare una versione più matura di se stessi. Secondo un sondaggio di una rivista femminile, al compimento dei 50 anni, molte donne affermano di non essersi mai sentite tanto bene in vita loro.

Come fanno gli uomini a invecchiare e le donne a maturare

Ogni fascia d'età vive in circostanze diverse e per questo ha a disposizione scenari e possibilità altre rispetto alle generazioni precedenti.

Oggigiorno gli uomini ultra 40enni sono più disposti a investire nella salute e a considerare l'invecchiamento come un'esperienza evolutiva. I più moderni tra di loro riconoscono quali fattori di successo il fitness, il wellness e una competenza medica di base. Si tratta di un cambiamento di tendenza così nuovo, da non poter essere ancora valutato in tutta la sua portata, anche se è presumibile che la maggiore consapevolezza da parte degli uomini di mezza età per la salute, la serenità e il benessere fisico aumenterà le loro chance di raggiungere in futuro le aspettative di vita delle loro coetanee.

Nelle donne sopra i 40, la tendenza è ancora più marcata. Dal punto di vista biologico sono più giovani di tutte le generazioni precedenti. Sono più sane, più in forma, più consapevoli, più indipendenti. Ovviamente il loro aspetto esteriore soffre qualcosa dopo i 40, ma sono sempre di più le donne che si rendono conto che non bisogna essere giovani per risultare attraenti. Chi ha saputo evolversi e si prende cura di se stessa, ha ottime probabilità di risultare più affascinante a 47 o 51 anni che a 23 o 34.

È possibile che riusciamo a realizzare ciò che le generazioni precedenti non hanno saputo fare: che gli uomini invecchino e le donne maturino.

10. Da Kukident a Master Consumer

LA FORZA DELLE PAROLE E LE IMMAGINI MENTALI

Una coppia passeggia sulla spiaggia. Potrebbe trattarsi di un'isola caraibica oppure del mare del Nord. Comincia a piovere. Mentre tutti gli altri si affrettano a scappare via, la donna sorride al suo compagno, si sfila giacca, calzoni e pullover e corre verso il mare completamente nuda. Per un attimo la telecamera zooma su fianchi e cosce. I contorni del suo corpo non sono più nitidi. Il viso è costellato di lentiggini, i capelli sono lunghi, folti e bianchi. L'uomo la raggiunge nell'acqua e la stringe a sé. La sua chioma corta brilla argentea. Dissolvenza. Dopo il bagno fuori programma, la coppia si scalda su una poltrona di vimini abbandonata. Sono affascinanti, senza complicazioni, affiatati e sicuramente sopra i 60.

La spettatrice, sui 45, è ammaliata. Di solito gli spot pubblicitari le passano sopra senza interessarla, ma non capita tutti i giorni di vedere un'immagine così accattivante della vecchiaia. Probabilmente si tratta della pubblicità di un'assicurazione sulla vita, pensa. Oppure di un'automobile esclusiva. Sbagliato. *Multicentrum – l'integratore dalla A allo zinco*, recita la scritta. Proprio Multicentrum, considerato dai più giovani un'alternativa non eccessivamente costosa per l'annoso dilemma che-cosa-regaliamo-alla-nonna, dà all'invecchiamento un nuovo spessore.

La pubblicità funziona

È vero, le immagini accattivanti dei due 60enni servono in primo luogo a ricollocare un prodotto un po' ingrigito e non corrispondono necessariamente alla realtà. Sicuramente possono riflettere la condizione della classe medio-alta, che ha una mentalità abbastanza aperta e dispone di possibilità economiche che le permettono di invecchiare meglio, così come mangia meglio e vive meglio. Sebbene gli attori dimostrino in pieno la loro età, essi incarnano il sogno dell'eterna giovinezza. Libertà, voglia di vivere. Essere in movimento. Le rughe da riso e i capelli grigi diventano interessanti, il declino del corpo è lasciato da parte.

La pubblicità distorce la realtà, non riflette la vita autentica in tutti i suoi aspetti. Ci risparmia tutto ciò che è spiacevole e alimenta le illusioni. La cosa può dispiacere, ma noi viviamo in una società mediatica. Per i più giovani le annate ad alto tasso di natalità della generazione del baby-boom appaiono come una bomba a orologeria. Il vento nel mondo della stampa soffia contro i prepensionati, i pazienti degli ambulatori cardiologici e, di conseguenza, anche contro di noi. A parte questo, si vive meglio se la fase esistenziale in cui ci si trova viene considerata interessante e appagante. Perciò salutiamo con entusiasmo tutto ciò che può contribuire a mandare in frantumi lo stereotipo della vecchiaia triste e improduttiva e al contrario ci trasmette belle immagini di come si matura senza diventare vecchi.

Due malintesi e tre fatti

Conservatore, cagionevole, complicato, con elevato potere d'acquisto, consumista: sono questi gli aggettivi con cui l'economia e la pubblicità considera il cliente dai 45 in su.

Conservatore – perché, chi ha trovato la sua strada a metà della vita, per il resto dei suoi giorni non cambierà più marca di margarina né modello di automobile. Almeno questa è l'immagine che i giovani dirigenti e i creativi dinamici hanno della vita dopo i 40 o i 50. Vero è che con gli anni l'interesse per le novità si affievolisce, ma solo dopo i 70. Almeno questo è stato il risultato di un'indagine condotta dal futurologo svizzero Andreas Giger.

Cagionevole – altrimenti quale sarebbe il motivo per cui fino a poco tempo fa modelli di 40, 50 e 60 anni comparivano solo nelle reclame di fitoestrogeni, assicurazioni sulla vita e pillole digestive?

Complicato – perché in effetti è difficile catturare l'attenzione di un gruppo di destinazione differenziato e critico, al quale non piace sentirsi ricordare la propria età con i suoi effetti collaterali.

Con alto potere d'acquisto – perché nessun gruppo di destinazione cresce con la velocità del segmento 45 e più. Attualmente sono 130 milioni gli europei che hanno superato i 50 anni, vale a dire un terzo della popolazione complessiva. Dispongono di più di tre quarti del patrimonio e rappresentano la metà del reddito disponibile. Due terzi di loro possiedono immobili, dei quali il 75 per cento è stato completamente pagato. La generazione di mezza età aumenta i propri consumi più delle generazioni successive. In Europa acquistano l'80 per cento delle automobili costose e il 50 per cento di tutti i cosmetici.

Consumista – perché gli ultra 40enni benestanti

comperano orientandosi più verso la qualità e la marca rispetto ai più giovani e raramente chiedono il prezzo. Molti si godono la vita senza risparmiare per gli eredi. È questa l'affermazione fatta dal 37 per cento dei 50-59enni intervistati in un sondaggio effettuato dal gruppo editoriale Gruner + Jahr.

Età: impronunciabile

La pubblicità ha dei problemi con i non-più-giovani, ma ha dovuto riconoscere che, laddove il gruppo di destinazione tanto corteggiato dei giovani si restringe, quello della mezza età e della maturità cresce. Non solo: la generazione di mezzo si sente ancora giovane e quella matura non ancora vecchia. Entrambi i gruppi sono difficili da raggiungere, in primo luogo perché i giovani e dinamici creativi, com'è comprensibile, preferiscono creare spot giovani e dinamici per una clientela giovane e dinamica. E non per un gruppo di persone per le quali non esiste una connotazione lessicale attraente.

I giovani vecchi? Per favore.

I nuovi vecchi? Idem.

Gli ancora-giovanili? Può andare bene per gli ultra 60enni. Ma non per i 45enni.

Giovani senior? Pretenzioso.

La pubblicità si serve allora di neologismi più o meno riusciti: master consumer, generazione vincente, generazione « -anta », eccetera.

Un risultato invece è stato raggiunto nella suddivisione del gruppo di destinazione 45 e oltre in base all'età, lo stile di vita e gli interessi, anche se ne sono derivate etichette un po' rigide come autentici, autorevoli e raffinati.

L'America se l'è cavata meglio: midagers, bestagers,

fortysomethings, fiftysomethings. Anche l'invecchiamento in inglese suona meglio, a mio giudizio, sebbene, in base ai risultati di uno studio condotto per il ramo assicurativo, solo un quarto degli ultra 45enni si sente rappresentato da queste definizioni. La maggioranza preferisce definirsi come « ancora giovani ».

Personalmente preferisco l'espressione « i medi », nella quale mi sono imbattuta leggendo un articolo del compianto redattore della « SZ » Herbert Riehl-Heyse. Non ho incontrato da nessun'altra parte una definizione altrettanto puntuale ed efficace dei 35-60enni.

La nuova visibilità

Ci è voluto molto tempo, ma lentamente pubblicità, economia e media si stanno avvicinando agli ultra 40enni. Con una certa esitazione, questo è sicuro, ma è già un passo avanti. L'epoca in cui la Lancôme licenziava la sua testimonial Isabella Rossellini subito dopo i 40 anni è ormai passata.

L'Oréal oggi è in campo con massicce campagne che hanno per protagoniste Andie McDowell, classe 1958, e Catherine Deneuve, classe 1943. La casa cosmetica utilizza il 5 per cento dei suoi profitti pubblicitari per rivolgersi miratamene alle clienti sopra i 40. Non è molto, ma è già un inizio.

Ali McGraw, la protagonista di *Love Story*, fa pubblicità per Gap, e la fotografa di Amburgo Sigrid Rothe, 50 anni compiuti, reclamizza la catena americana di abbigliamento per giovani Banana Republic.

Dopo che la rivista femminile « Brigitte » ha lanciato già diversi anni fa un inserto per le donne sopra i 40, anche il magazine maschile « Men's Health » offre un pendant attempato: « Best Life », un fascicolo raffinato dedicato agli uomini sopra i 40. Quasi contemporaneamente la rivista « Fit for Fun » ha pubblicato un numero speciale « My Life » che invoglia gli ultra 35enni, in maniera vivace e scientificamente fondata, a interessarsi al fitness, la salute, l'equilibrio e l'alimentazione sana.

La visibilità della generazione di mezzo, tuttavia, resta ancora oggi un fenomeno marginale. Lo dimostra per esempio la carenza di agenzie fotografiche specializzate che ha reso molto difficile reperire materiale adatto alla copertina di questo libro. La maggior parte dei creativi teme ancora che gli ultra 40enni non si identifichino in modelli pubblicitari loro coetanei. Per questo molti prodotti, destinati a una fascia di consumatori affermati e benestanti, continuano a essere reclamizzati da giovani – e acquistati da medi e maturi.

Lo ripetiamo, comunque, il ghiaccio è stato rotto. Pubblicità e media hanno riconosciuto quali sono i messaggi adatti a catturare l'attenzione delle generazioni di mezzo: la bellezza non significa soltanto giovinezza. La voglia di vivere diventa maggiore più si conosce la vita. Gli uomini che si concedono qualcosa sono almeno altrettanto interessanti di quelli più scattanti.

Il successo dà ragione ai più audaci: l'azienda farmaceutica Beiersdorf ha provato a usare una modella ultra 50enne per la sua campagna pubblicitaria della linea « Nivea Vital ». Oggi sono i prodotti più acquistati dalle donne sopra i 50.

Dove l'apparenza determina la consapevolezza

Non bisogna dimenticare che la televisione ha compiuto questa radicale inversione con anni di anticipo. Se dieci anni fa ancora il 70 per cento delle donne nei film erano sotto i 35, adesso la situazione è profondamente cambiata. Qualunque sia il genere, le eroine di carattere sopra i 40, i 50 e i 60 garantiscono alle emittenti notevoli quote di share e di introiti pubblicitari.

« Per fortuna le storie interessanti sulle donne intorno ai 40 non sono più una rarità. Storie in cui non siamo più soltanto squallide fantasie maschili. »
DIANE LANE

Le attrici mature e i loro ruoli non si rivolgono soltanto a un pubblico over 40. Le nuove eroine sono molto amate anche dalle donne più giovani. In primo luogo perché le 45enni o 55enni dalla personalità complessa rendono di più delle 25enni senza spessore. E secondo, perché trasmettono un'idea positiva dell'invecchiamento. E questo non è apprezzato solo a 44 o a 52 anni. Anche le più giovani, che sentono sul collo il fiato delle giovanissime, preferiscono sapere di avere davanti a sé una fase esistenziale ricca e interessante, piuttosto che il contrario.

Nella fiction televisiva il clichè della vecchiaia triste è stato superato. Nel cinema le donne ultra 40enni, sebbene pur sempre sottorappresentate, ottengono più spesso ruoli da protagonista rispetto al passato. Di recente, per esempio, Diane Keaton, classe 1946, ha ottenuto un Golden Globe per la sua interpretazione nel film *Tutto può succedere.* La Keaton interpretava il ruolo di un'autrice di teatro affermata che si innamora dell'amante attempato della figlia, ovvero Jack Nicholson, classe 1937.

Le conseguenze sulla realtà sociale sono di vasta portata. Se oggi siamo in grado di accettare con una certa disinvoltura la nostra età dopo i 40, lo dobbiamo anche al fatto che affrontiamo la seconda metà della vita con immagini mentali decisamente migliori rispetto a quelle che potevano avere i nostri genitori venti o trent'anni fa.

I modelli ai quali ci ispiriamo corrispondono solo in parte alla realtà. Sono soprattutto gli ultra 40enni più istruiti e più abbienti ad avere la possibilità di vivere concretamente la promessa di fortuna descritta dalla televisione e dal cinema. Ma le eroine televisive forti e consapevoli tra i 40 e i 65 sono nel contempo modello e riflesso della realtà sociale. La giornalista della « Zeit » Sabine Rückert ha riassunto il fenomeno in questi termini: « La televisione inventa *e* copia ». La rivalutazione della seconda metà della vita rappresenta pertanto un vantaggio per una parte sempre più numerosa della popolazione.

L'immagine tradizionale degli ultra 40enni non è più valida, quella moderna non ancora affermata.

Non c'è dubbio, i confini dell'età si sono spostati all'indietro. L'età anagrafica non è più così importante. L'invecchiamento è diventato una questione di personalità piuttosto che un fenomeno biologico. Adesso è possibile invecchiare con dignità e mantenendo un bell'aspetto. Le cesure tra i giovani, i medi e gli anziani sono meno definite. È difficile dire quando termina una fase e inizia l'altra. La vecchiaia diventa difficile solo dopo gli 80 anni. Fino ad allora abbiamo davanti ancora mezza vita.

Nonostante questi presupposti, non possiamo dire di aspettare con ansia il 40esimo o il 50esimo compleanno. E non dipende solo dal fatto che con ogni anno che passa diminuisce la nostra aspettativa di vita. Altri fattori entrano in gioco:

- alcune persone, convinte di usarci una cortesia, ci hanno già fatto otto volte gli auguri per i nostri 39 anni;
- molte aziende prendono in considerazione i candidati

sopra i 45 anni solo quando non se ne presentano di più giovani;
- le atlete ultra 50enni, anche se in media hanno davanti ancora 32,7 anni di vita, vengono incluse negli elenchi del club sportivi come *senior*;
- l'aumento dell'aspettativa di vita non viene visto come una conquista, ma come un problema;
- la nostra fascia d'età viene dipinta dai media soprattutto come una specie di apocalisse, come l'ostacolo più ingombrante che abbia mai fermato il progresso della società;
- nessuno parla dei miliardi che abbiamo versato da anni e decenni e continueremo a versare tra tasse, contributi di solidarietà e sociali al sistema previdenziale;
- pare che invecchiare sia un concetto accettabile soltanto se lo si ringiovanisce: « giovani donne sopra i 50 » era il sottotitolo di un libro in sé leggibile su donne come Charlotte Rampling, Senta Berger o Tina Turner.

Perché invece non donne affermate, decise, forti, interessanti, affascinanti, dotate, fantastiche sopra i 50? Possibile che l'essere giovani valga più di ogni altra cosa, maledizione?

Non capita ovunque che i midagers vengano percepiti come si sentono loro: competenti, attivi, dinamici, esperti della vita nel senso migliore del termine. Nel mezzo della vita non si vive male, effettivamente. Ma l'immagine ormai è consolidata: i più giovani sono meglio dei medi, i medi meglio dei vecchi. Finalmente, chi non è d'accordo, ha la possibilità di rendere attraente agli occhi del mondo la fase sopra i 40. Il potere di infrangere i clichè negativi sull'invecchiamento non è riservato solo ai media, ma è concesso a ciascun singolo.

« Negli anni Sessanta una donna di 40 anni era considerata una signora matura, mentre adesso comincia a esserlo solo dopo i 50 e tra dieci anni il limite si sarà spostato ancora più avanti. »
SENTA BERGER

Invecchiare senza diventare vecchi

Le generazioni prima di noi sono riuscite a dare più anni alla vita: alla vecchiaia hanno saputo anteporre la lunga e sana fase vitale della seconda età adulta. Questi anni extra per quasi tutti sono una conquista recentissima dell'umanità. Nel 1905 la durata media della vita per le bambine appena nate toccava i 48 anni, nel 1955 era già salita a 70 anni. Una bambina nata nel 2003 ha davanti a sé dal momento della nascita 80,8 anni, mentre nel 2050 si prevede che saranno 86,6.

La speranza di vita aumenta incessantemente. Nella vita reale questo fatto è riconosciuto ancora con una certa esitazione: i 45enni sono tuttora considerati mediamente poco innovativi, i 50enni sono superati e i 60enni pronti per la pensione. Tocca a noi ultra 40enni di oggi riempire di significato gli anni conquistati, trovare una cultura per la seconda età adulta che sia giovane ma non infantile, esperta ma non anziana, epicurea ma non egoistica.

Chi vuole riuscirci, non può limitarsi a saltare il quarantesimo compleanno e i successivi. Deve invece accettare e sostenere il cambiamento, tanto interiore che esteriore. Deve riuscire a compiere il miracolo di restare in gioco e nel contempo concentrare le energie sulle cose davvero importanti. La decisione di guardare avanti anziché indietro ripaga degli sforzi: l'atteggiamento positivo con il quale si affronta la nuova fase esistenziale si riflette anche sugli altri – e sulla propria vita. La studiosa Ursula Staudinge ha definito questo comportamento esemplare come *produttività psicologica*. Potete farlo anche voi, per collaborare a dare una fama migliore agli anni migliori.

Non parlate come dei vecchi

Vi è già capitato di notarlo? Nei nostri discorsi compaiono sempre più spesso le espressioni « ancora » e « non... più ». « Finche i ragazzi festeggeranno *ancora* San Silvestro insieme a noi... » – « *Non* riesco *più* a mangiare molto la sera. » Queste affermazioni suonano deprimenti e stanche. Dato che la lingua crea la realtà, proviamo a sostituire l'ancora con l'adesso: « *Adesso* abbiamo più tempo per noi. » – « *Adesso* ritengo importante pensare di più alla salute. » Ricordiamoci sempre che siamo in pieno gioco e non vicini al fischio finale.

Rispettiamo la distanza tra generazioni

È iniziato quando andavamo all'università: di colpo i professori si facevano dare del tu e si presentavano in aula con il nostro stesso abbigliamento fricchettone. Già allora non mi piaceva questa pseudo-solidarietà dei medi con i più giovani. Purtroppo il fenomeno non solo si è mantenuto in altre forme, ma si è addirittura consolidato. I 40enni portano jeans a vita bassa, si esaltano come adolescenti per il nuovo volume di *Harry Potter*, guardano MTV e conoscono tutte le canzoni di *Top of the Pops*. Come i bambini di nove anni, che copiano i codici e i simboli dei fratelli maggiori per sembrare più grandi, molte persone di mezza età rincorrono le mode dei 15-25enni per sentirsi più giovani.

Non parlate male dell'età

Affermazioni ostili nei confronti dei pensionati, osservazioni banali sulla menopausa (« Le donne in menopausa sono fatte così ») e auguri pseudo-umoristici per il quarantesimo compleanno (« Anche l'autunno ha i suoi lati positivi ») rendono più forte l'impressione che dopo i 40 la vita sia passata. Se sono le persone di mezza età a parlare in questo modo, poi non devono sorprendersi quando i coetanei assumono atteggiamenti più giovanili e i giovani tutto desiderano tranne che diventare ultra 40enni.

11. Invecchiare non è cosa da vigliacchi

COMMIATI, LUTTI E TRANSITORIETÀ

Fino alla metà della vita, la maggior parte delle persone procede con un fardello di preoccupazioni mediamente accettabile. Quattro mesi senza lavoro, una sospetta diagnosi di tumore rivelatasi infondata, l'ernia del disco, le difficoltà di lettura del più grande, la questione spinosa del mutuo, i divorzi e le malattie degli amici – tutte fonti di stress e di affaticamento. Ma niente che faccia deragliare dai binari. Fino ai 40 la vita procede per la maggior parte in avanti, oppure in salita, o al massimo di lato.

Ammesso che il destino non ci abbia preso di mira, ci vengono risparmiati lutti e disperazione, tanto che molti di noi li conoscono solo per sentito dire, di seconda mano. Veniamo a sapere che la figlia del simpatico postino è morta di leucemia a 33 anni, il compagno di una collega più giovane è in lista d'attesa per un trapianto di fegato, la cognata di un'amica è rimasta paralizzata dopo un incidente stradale. Abbiamo provato compassione e abbiamo ascoltato con partecipazione, chiedendoci con un brivido come ci comporteremmo noi in futuro in un simile frangente, prima che lo squillo del telefono ci riportasse alla vita di tutti i giorni.

Tra i grandi cambiamenti degli anni di mezzo c'è che il futuro non appartiene più a una dimensione distante nel tempo, ma è proprio davanti a noi. Gli anni dopo i 40 non sono soltanto una fase di maturazione e rinnovamento da vivere pienamente. Possono anche rivelarsi anni di dure verità e tragici punti di svolta.

Paragonata agli eventi positivi della prima età adulta – il primo grande amore, il fidanzamento, il matrimonio, la nascita dei figli, l'avanzamento nel lavoro – la seconda età adulta ci riserva un numero maggiore di prove di maturità, tra le quali la menopausa, la pubertà e l'abbandono della casa da parte dei figli. La sensazione di non essere più richiesti, necessari e desiderati come un tempo. La paura delle malattie e la perdita di persone care. L'invecchiamento e la morte dei genitori. La perdita di posizioni nella scala delle generazioni.

A partire dai 40, il futuro diventa più breve. I colpi cadono più vicini. Le ferite si moltiplicano, anche se, almeno in apparenza, continuiamo a non essere preparati ad affrontare la sofferenza e la perdita e i danni permanenti. In questo capitolo affronteremo i lati oscuri dell'invecchiamento e che cosa comporta porsi davanti alle paure future.

Il futuro si accorcia

Da qualche anno si è rafforzata in me la sensazione che il tempo mi fugga dalle mani. Pur essendo vero che statisticamente ho ancora circa 35 anni davanti a me, che non è poco, la vita che ho già accumulato alle mie spalle ha cambiato il mio concetto di tempo. 35 anni fa cominciavo la scuola media e Willy Brandt era eletto cancelliere, Neil Armstrong muoveva i primi passi sulla luna e io giocavo a elastico, leggevo di tutto, disordinatamente, da *Il diario di Anne Frank* a Jules Verne e cominciavo a trovare fantastici i Beatles. I ricordi di quell'epoca sono ancora nitidi e vividi nella mia mente. È difficile credere che da allora siano passati 35 anni.

Nel mezzo della vita il tempo comincia a diventare prezioso e noi ci rendiamo conto con una certa impazienza di quanto ne sprechiamo. O ne dobbiamo sprecare: bloccati nel traffico, alle riunioni, a stirare, alla cassa, davanti alla TV. A inviti che non abbiamo potuto rifiutare. In discussioni con il partner che non sono mai servite a niente. Nella ricerca del volo più conveniente per le vacanze. Nel raccogliere i documenti per la dichiarazione dei redditi e i punti per le raccolte premio. Dopo i 40 anni molte persone le trovano grandi perdite di tempo.

Arthur Schopenhauer aveva elaborato la teoria secondo cui la percezione della durata di un anno si calcola dividendo uno per la propria età. Vale a dire, più invecchiamo, più la percezione soggettiva del tempo diventa veloce. Per un bambino di cinque anni, un anno è una mezza eternità; in fondo rappresenta il venti per cento della sua vita passata. Per un 50enne il rapporto cambia drasticamente: un anno è soltanto il due per cento di ciò che ha alle spalle.

Sappiamo bene che non possiamo fermare il tempo. Ma ci piacerebbe rallentarlo e renderlo più intenso. Purtroppo non è così facile ingannarlo, tutto per colpa del cosiddetto *paradosso temporale*. Tutti sanno quanto si dilati il tempo quando si è bloccati in coda, si devono fare duecento fotocopie o si soffre di mal di denti, oppure si aspetta una telefonata che è stata sollecitata già diverse volte. E tutti conosciamo la sensazione di come fugga il tempo quando le scadenze si avvicinano, gli avvenimenti ci incalzano e c'è da fare ancora quella cosa e non si può assolutamente perdere quell'altra.

In realtà l'unico modo per rallentare il corso del tempo sarebbe quello di annoiarsi allegramente e generosamente. Gingillarsi. Sonnecchiare. Vivere alla giornata. Si tratta senza dubbio di attività che distendono i nervi e fermano il tempo. Ci radicano nel qui e nell'ora e a posteriori risultano benefiche per la salute e la qualità della vita. Tuttavia, le fasi di noia, come il lavoro ripetitivo e le incombenze quotidiane, non lasciano traccia nei nostri ricordi. Nella nostra mente il tempo che si fissa meglio è, paradossalmente, quello che vola via tra sensazioni sconosciute e nuove sfide.

> «*Bisogna darsi delle priorità e non disperdersi. Per qualche cosa forse ci sarà spazio nella prossima vita.*»
>
> JIL SANDER

I momenti più intensi sono proprio quelli in cui si cercano consapevolmente entrambe le cose: la vita vissuta intensamente e il tempo percepito intensamente. L'una dà senso e peso alla nostra esistenza, non soltanto oggi, ma anche nel ricordo. L'altro si dissolve come se non fosse mai esistito, ma in compenso riempie il presente di un senso di infinito.

La struttura generazionale muta

I figli crescono, i genitori invecchiano. Entrambe le cose pongono la generazione di mezzo davanti a sfide: meno intensa l'una, più coinvolgente l'altra.

Per la crescita dei figli esiste una definizione molto calzante: *sindrome del nido vuoto*. Venne introdotta dagli psicologi negli anni '60 per indicare il periodo in cui i figli lasciano la casa. Nel frattempo però si è constatato che la maturazione dei figli scatena nei genitori una condizione di bisogno interiore solo in pochissimi casi. In primo luogo perché il processo che comincia con la prima pubertà e si conclude con l'abbandono definitivo dell'hotel-mamma si protrae per molti anni. Secondariamente il nuovo stile di vita tra genitori e figli è caratterizzato da amicizia e disponibilità – qualunque età abbiano i figli, 4, 14 o 24 anni. Tra genitori e figli domina in primo luogo la parità. Pertanto, laddove c'è sempre stata poca severità e scarso controllo, gli uni non hanno bisogno di limitarsi e gli altri non devono temere una perdita di significato. Nemmeno quando i figli cominciano a scegliere da soli amicizie e interessi.

Per questo i tre quarti dei genitori vivono con serenità la crescita dei figli. La metà delle madri e un quarto dei padri sono addirittura contenti di avere di nuovo più libertà per se stessi. Soltanto un terzo delle madri e un quarto dei padri soffrono per l'allentamento del legame famigliare. Ma tutto sommato la generazione di mezzo se la cava egregiamente con il distacco dei figli.

Per l'invecchiamento dei propri genitori, al contrario, non esiste una definizione precisa. Né esempi o indicazioni per affrontare l'esperienza serenamente e in maniera equilibrata per tutte le parti coinvolte. D'altronde, come potrebbe essere diversamente? Gli ultra 40enni si trovano a dover affrontare uno sviluppo demografico del tutto nuovo: se nel 1985 soltanto un terzo della stessa fascia di età aveva ancora entrambi i genitori, adesso sono i due terzi. Nessuna generazione prima di noi ha avuto la possibilità di conservare i genitori così a lungo. Nessuna generazione prima di noi ha dovuto mantenere i genitori così a lungo.

L'ultimo atto del rapporto genitori-figli è dominato dall'incertezza. Se i genitori stanno bene, la loro longevità è un dono; anche in mezzo alla vita possiamo permetterci di essere ancora figli. Se invece le loro condizioni non sono buone, ci vediamo posti di fronte a gravi problemi: in mezzo alla vita siamo costretti ad assumerci la responsabilità di genitori malati. Affrontare la vecchiaia e la morte dei genitori è uno dei compiti più difficili della seconda età adulta.

Il distacco dai genitori

Fino a poco tempo fa erano in perfetta forma, due veri «giovani vecchi» che collaboravano ai lavori di casa, guardavano i nipoti, avevano le loro amicizie, preparavano dodici tipi diversi di biscotti per Natale ed erano sempre disponibili quando c'era bisogno di loro. Nel frattempo hanno superato i 70, 75 o gli 80 anni, e nel migliore dei casi sono ancora in due, vivono da soli, con un animale domestico, hanno buoni amici e molti interessi, un appartamento ben curato e lo spirito per accettare, quando occorre, le limitazioni dell'età con filosofia. Ma quando adesso il loro numero compare sul display del telefono a un'ora in cui non chiamano mai, per un attimo veniamo assaliti dal panico che sia accaduto il peggio.

Non si tratta del fatto che nel mezzo della vita una persona non sia pronta ad affrontare una crisi, né che non abbia già superato qualche momento difficile: la dermatite atopica del figlio, il fallimento dell'azienda del partner, le depressioni ricorrenti della sorella minore. Il fatto è che il rapporto con i vecchi genitori, per quanto possa essere affettuoso, spesso è un po' più complicato di quello con il partner, i fratelli o i propri figli.

Uno dei motivi fondamentali sta nel peculiare ribaltamento di ruoli tra i genitori anziani e i figli non più giovani. Agli occhi dei genitori noi restiamo figli per tutta la vita. Inconsciamente continuano a vederci come piccoli esseri indifesi e dipendenti, bisognosi di protezione e di cure, di consigli e, seppure in minima parte, di essere educati. Si aspettano da noi tacitamente di essere sostenuti, quando non ce la fanno più – esattamente come hanno fatto loro con noi per tanti anni.

Quando i genitori hanno bisogno di aiuto ci ritroviamo in un imbarazzante doppio ruolo: dobbiamo essere nei loro confronti i figli ubbidienti e i genitori forti. È un risultato quasi impossibile da raggiungere. L'un aspetto ci irrita, l'altro ci appare – a noi come a loro – presuntuoso.

A tutto questo si aggiunge il fatto che, in qualunque modo si affronti, da soli, con un aiuto esterno o entrambe le cose, la cura dei genitori anziani richiede ben più dell'impegno e della rinuncia ai desideri personali. Essa riporta in vita gli attriti del passato e mette i figli di fronte alla propria età: la malattia e la morte dei genitori dimostrano ai figli che stanno invecchiando e, soprattutto, *come* potrebbe finire la loro stessa vita. « I genitori anziani sono l'esempio vivente di come andranno avanti le cose », osserva Annemarie Bauer, docente di sociologia alla scuola superiore evangelica di Darmstadt. Se i genitori diventano fragili o mentalmente instabili, questo non è soltanto un peso straziante per i figli che se ne occupano, ma spesso provoca per questi ultimi l'allontanamento del partner, dei figli e degli amici.

Declino e morte disturbano e sconvolgono. Spesso anche chi cura i vecchi si ritrova isolato quanto loro. Chi è vecchio, oppure si occupa di vecchiaia non è vincente, non è sexy e non è moderno. Gli rimane attaccato l'odore della malattia e della morte e rappresenta un ostacolo alle speranze di felicità e alle velleità di fare del suo ambiente. La vecchiaia e la morte dei genitori lasciano confusi e soli come poche altre esperienze precedenti.

Per fortuna ormai non tutte le persone che invecchiano hanno bisogno di cure. Da una ricerca condotta nel 1992 è risultato che il novanta per cento dei 75-85enni e tre quarti degli ultra 85enni se la cavano da soli. In ogni caso sarebbe bene che genitori e figli cercassero, fin dal principio dell'ultimo atto, soluzioni su come affrontare la vecchiaia dei genitori. Non solo perché la pianificazione intelligente fa risparmiare tempo e risorse, ma anche perché un confronto sincero può aumentare la comprensione reciproca. Questo è particolarmente importante se il rapporto è inficiato da rancori o ristrettezze. Gli ultra 40enni non hanno più tempo di nascondere la testa sotto la sabbia: soltanto chi riesce a superare definitivamente il bambino dipendente, viziato o offeso che è in lui può aiutare i genitori anziani. Soltanto lui può piangere la loro scomparsa con gratitudine e senza sensi di colpa.

La morte passa in primo piano

«Oggi fatico a immaginare che un giorno dovrò morire», sosteneva l'attrice Iris Berben in un filmato autobiografico. Anch'io provo la stessa cosa, se devo essere proprio sincera. Ovviamente so che la mia vita non avrà una durata illimitata, soltanto che per ora mi riesce difficile immaginarmi di non esserci più un giorno. Questa sensazione sembra essere condivisa da molte persone in mezzo alla vita. «In genere la morte è ancora lontana e pertanto un concetto astratto», osservava già nel 1931 C.G. Jung, psicologo del profondo.

Già, finché tutti sono sani, in famiglia e nella cerchia di amici, la paura della morte nel mezzo della vita viene tenuta a bada. Tuttavia vecchiaia e morte cominciano a occhieggiare qua e là. Affiora sempre più spesso il pensiero di aver già vissuto più della metà della vita. Cresce la paura di vedersi diagnosticare qualche malattia grave durante un controllo di routine. Aumentano le probabilità di poter perdere una persona cara.

> *« Io non ho paura della morte, assolutamente nessuna paura. Solo che vorrei non esserci quando succederà. »*
>
> WOODY ALLEN

Sono riflessioni che intristiscono, anche se è ancora possibile scacciarle in fretta dalla mente. Ma così facendo ci si lascia sfuggire una preziosa opportunità: gli anni dopo i 40 sono proprio il momento giusto per accettare gradualmente la morte come parte della vita. Non solo perché l'ineluttabile può accadere già a 44 o a 52 anni, ma soprattutto perché siamo ancora abbastanza giovani per poter riflettere e parlare della cosa in maniera distaccata.

Affrontare realisticamente l'ineluttabile è meno pauroso di quanto suoni – e più burocratico di quanto si pensi. Ci permette di guardare in faccia la transitorietà e favorisce la maturazione interiore. Chi non lascia al caso le ultime cose, non solo influisce, nei limiti del possibile, sul suo modo di invecchiare e di morire, ma prende confidenza a piccoli passi con il distacco definitivo. È un gesto coraggioso e gratificante. Affrontare la morte ci porta quasi automaticamente a vivere in maniera più consapevole, più concentrata e più riconoscente di prima.

Esprimete chiaramente i vostri desideri per l'emergenza

Più che la morte, ci fa paura ciò che potrebbe precedere: essere impotenti. Soffrire. Non poterci più essere per i nostri cari. Questi timori si possono alleviare cominciando a cercare, già nel mezzo della vita, soluzioni per quanto dovrà succedere nel momento cruciale: chi deve rappresentarmi e decidere per me se all'improvviso non potessi più farlo da solo? Quali trattamenti clinici accetterei in caso di malattia grave o di incidente – e quali no? Sono d'accordo a fare in modo che la mia vita venga prolungata artificialmente? Sono d'accordo con la donazione di organi in caso di morte? Chi vorrei garantire e tutelare? Con chi vorrei riconciliarmi?

Documentate i vostri desideri

Le ultime cose è meglio non sistemarle *last minute*. Un testamento, una dichiarazione sui trattamenti clinici e sulla donazione di organi, una procura preventiva sono un dovere a qualunque età. Mettete a disposizione inoltre tutte le polizze assicurative e la documentazione di eventuali depositi o investimenti finanziari.

Con il *testamento biologico* indicate come volete essere curati in caso di malattie terminali. Per evitare possibili dubbi sulle vostre volontà, dovreste aggiornare le disposizioni una volta l'anno ed eventualmente adattarle alle mutate circostanze.

Con la *procura preventiva* indicate una persona di vostra fiducia che deciderà per voi nelle questioni mediche ed economiche, nel caso voi non siate in grado di farlo. Senza una procura scritta questo diritto è precluso anche ai famigliari più stretti.

Con la *disposizione di assistenza* indicate una persona di vostra fiducia che la pretura o il tribunale tutore dovrà nominare vostro/a assistente in caso di necessità.

Pensate avanti di 25 anni

Secondo gli psicologi, già a 50 anni dovremmo sapere, almeno a grandi linee, come vogliamo vivere nella vecchiaia avanzata. Per questo i più avveduti portano il limite dell'età di mezzo fino ai 65 anni. Preferiscono delineare i primi progetti per allora fin da oggi: come e dove vorrò vivere tra venti o trent'anni? Quali valori e quali obiettivi riterrò importanti allora? Potrò permettermi ciò che immagino oggi – il fine settimana ayurvedico, visite alle grandi città, la donna delle pulizie, l'intervento odontoiatrico, il sogno della comunità di pensionati con i cinque amici migliori, idealmente in una villa ottocentesca nei pressi della città? Mi sono premunito con garanzie sufficienti? Quali decisioni devo prendere adesso, per potermi assicurare una vecchiaia serena?

Vivete i vostri sogni, concentratevi sul bello

Un numero incredibilmente elevato di 40enni nella cerchia di amici sostiene che, se gli venisse detto che gli resta soltanto un anno di vita, ne sarebbe addolorato, soprattutto per la famiglia. Per loro stessi affermano di poter accettare la morte, soprattutto i più soddisfatti e affermati tra di loro. A quanto pare è più facile affrontare la morte per chi giudica la propria vita completa, entusiasmante e bella. È anche il punto di vista dello psicoterapeuta americano Irvin D. Yalom: « Più la vita è insoddisfacente, più cresce la paura della morte ». Viceversa, quindi, possiamo affermare che una vita piena fa diminuire la paura della morte.

La fuga dalla routine

Per il pranzo di Natale negli ultimi anni c'e sempre stata anatra ripiena con patate dolci. A febbraio si fa tradizionalmente la settimana bianca sulle Dolomiti. All'interno della famiglia e della cerchia di amici si moltiplicano le feste di compleanno e di anniversario. Il nuovo gatto è ancora marrone tigrato. Invece di andare al cinema a vedere il nuovo film tanto elogiato, si preferisce aspettare comodamente l'uscita del DVD. Cambiamenti, impegni e ristrutturazioni accendono la fantasia solo moderatamente. Il nuovo CD del cantante preferito si differenzia appena da quelli precedenti. A partire dai 40 anni la ripetizione si insinua nella vita.

> « *Più si invecchia, più la torta di compleanno assomiglia a una fiaccolata.* »
> KATHARINE HEPBURN

La routine ha i suoi vantaggi; la ripetizione offre stabilità e dà fiducia. Molto di ciò che in passato ci esaltava, ci intimidiva o ci faceva venire il batticuore, oggi lo sbrighiamo senza battere ciglio. Gran parte della disinvoltura dopo i 40 anni deriva dal fatto che in molte situazioni sappiamo per esperienza che si trova sempre una soluzione. Finora ci sono sempre riuscito. So di aver preso la decisione giusta. Mai fasciarsi la testa in anticipo. Questa lucidità ci rende equilibrati, sicuri e liberi.

Il rovescio della medaglia è meno esaltante. Anche a voi sarà capitato di provare fastidio per i conoscenti che vi spiegano in tutti i particolari com'era il ristorante che avete intenzione di provare anche voi, oppure la località di vacanza dove avete intenzione di andare in futuro. E vi indicano con precisione che cosa dovete assolutamente ordinare o visitare a ogni costo. A me è successo spesso che tali descrizioni mi abbiano fatto passare la gioia della scoperta. Ciò che per me sarebbe stato nuovo, speciale e come una macchia bianca sulla carta geografica, grazie a queste descrizioni anticipate assume i contorni della normalità e della quotidianità.

Lo stesso accade quando determinati avvenimenti cominciano a ripetersi nella vita. Chi sa già tutto, perde la capacità di stupirsi. L'entusiasmo. La trepidazione. La vita diventa prevedibile e perde smalto. Ci rendiamo conto di diventare svogliati e un po' passivi. E se non lo facciamo noi, gli altri lo notano senza dubbio. L'indifferenza è il lato oscuro della disinvoltura. Per fortuna possiamo sfruttare l'una senza piombare nell'altra.

Cercate nuove sensazioni

È naturale che non proviamo più le emozioni di dieci anni fa per molti aspetti o avvenimenti della vita. Le vecchie routine e le storie sempre uguali ci sono diventate troppo famigliari per risvegliare ancora qualcosa dentro di noi. Ormai sono superate o comunque esaurite. Ciò di cui abbiamo bisogno nella nostra vita sono nuovi interessi, nuove persone e nuove prospettive. Viaggiare, trovare un hobby, cambiare lavoro può aiutare, oppure, se è destino, anche un nuovo amore.

Variate ciò che vi è famigliare

Cambiate la disposizione dei mobili, abbonatevi a una rivista diversa da quella che leggete da anni. Datevi appuntamento con le amiche per fare una passeggiata, invece che per cucinare come al solito. Provate a parlare a braccio, invece di ripetere stancamente la solita presentazione di Powerpoint. Mettete a tacere, almeno ipoteticamente, gli antichi obblighi. « Come sarebbe se... ? »

Osservate gli aspetti originali di ciò che conoscete

A partire dai 40 anni scopriamo il piacere. Tutto ciò che è colto e raffinato, dalla cucina alla musica classica, sale ai primi posti nella classifica delle attività preferite. Quando si sono accumulate molte esperienze, infatti, è inevitabile che ci si intorpidisca. L'alternativa è di guardare il mondo con occhi più attenti e di percepire la magia dei particolari. Di colpo ci si rende conto di dettagli che finora si erano trascurati: i mandorli in fiore. Il tratto sottile di un disegno a china. La serenità di una cantata di Bach. Il sapore delicato della salvia coltivata da sé e della vaniglia vera.

Sottovalutati e ignorati

Seminario fondamentale per pubblicitari: « Scrivete uno slogan per un preparato a base di calcio e vitamina D rivolto alle donne sopra i 40 ». I partecipanti, tutti di età compresa tra i 25 e i 30 anni, concordano su un punto: lo slogan deve essere brillante. « Ma non possiamo nemmeno scrivere espressioni tipo "da sballo" », riflette Julia, « dopo i 40 non le capiscono. » Assenso generale. La docente, lei stessa sopra i 40, ascolta esterrefatta. Non dimostra la sua età e per questo trova molto irritante che i 20enni credano che i 40enni vivano su un altro pianeta.

È naturale che nel corso degli anni interessi e temi di conversazione cambino. Diventiamo più pacati e meno audaci e il successo esteriore perde l'importanza capitale che aveva un tempo. Questo però non significa che dimentichiamo che cosa siano ambizione, stupidità, rabbia e invidia. Né che non restiamo al passo con questa o quella innovazione linguistica, di moda o tecnica e ce ne interessiamo attivamente, nei limiti del possibile. La nostra apertura mentale ci torna utile: non incarniamo i monotoni clichè normalmente legati alla nostra età. Sembriamo più giovani. Più aperti. Più interessanti. Più innovativi. Veniamo ascoltati e presi sul serio, a volte addirittura corteggiati più che in passato.

Tutto questo a patto che la nostra vera età resti nascosta. Chi aspira a potersi trasformare dopo i 40 in un classico o in una bellezza senza tempo, farà meglio a lasciare nel vago la propria età. Non per vanità, ma perché prima o poi capita a tutti di sperimentare come l'atteggiamento altrui cambi radicalmente non appena si rivela la propria età. Oppure quando si parla con affetto del primo nipotino. O ancora quando si viene assalite da una caldana nel momento meno opportuno. O infine quando si rammenta qualcosa da cui si deduce che si è al mondo da più tempo rispetto a quanto credevano gli ascoltatori.

Quando gli altri si rendono conto che abbiamo 43, 48 o 54 anni, rimangono sinceramente stupiti e ci chiedono confusi: « Come fa? Credevo che avesse almeno 10 anni di meno ». Noi ci sentiamo felici e un po' imbarazzati, finché gli altri fanno una faccia strana, come se la data di scadenza fosse passata e loro se ne fossero accorti soltanto adesso.

La psicologa clinica Beate Schultz-Zehden ha constatato che tre quarti delle donne in menopausa da lei interpellate si considerano almeno attraenti e femminili come in passato. Ma più della metà si sente invisibile agli occhi della società, sottovalutata e meno importante. È un fatto comprensibile.

Prima o poi arriva il momento in cui l'età che si ha conta più della persona che si è. Qualunque cosa facciamo, quale che sia il nostro pensiero o il nostro aspetto. I più giovani associano agli ultra 40enni immancabilmente l'idea di fissità, ottusità, grigiore, piattezza. Ovviamente non nel caso singolo, ma dobbiamo comunque tenere presente il giudizio generale dato alla categoria. Dopo i 50 o i 60 il fenomeno è ancora più marcato. La decina dei nostri anni ci pregiudica. Molte persone sperimentano per la prima volta in vita loro a partire dai 40 anni che cosa significhi essere discriminati.

Potremmo risparmiarci tutto questo, evitando di dire la nostra età. Ma in quel caso alimenteremmo i clichè che dopo i 40 non risparmiano nessuno. Allora anche chi viene dopo di noi sarebbe costretto a combattere, tra 5, 10 o 15 anni, con gli stessi stupidi e limitati stereotipi sull'età che ci troviamo ad affrontare noi oggi. Perciò ritengo che, se vogliamo essere attivi e cambiare qualcosa, dobbiamo difendere la nostra età. Non solo per autostima, ma anche per il bene dei più giovani.

12. Belle prospettive

IL PARADOSSO DEL BENESSERE E L'ARTE DI VIVERE

« Vedrai, invecchiare è esaltante », mi diceva la mia amica Sophia quando il mio 40esimo compleanno bussava minacciosamente alla porta e con esso la paura che lo smalto si esaurisse presto e la parte più bella della vita finisse. Sophia aveva qualche anno più di me e aveva già superato il magico spartiacque degli « -anta ». Per questo non me la sentii di contraddirla, ma in segreto giudicai la sua affermazione come ottimismo di convenienza o quanto meno affettuosa autoillusione.

Nel frattempo è passato qualche anno e ho dovuto riconoscere che Sophia aveva ragione. Si vive bene dopo i 40. Rilassati. Intensamente. Concentrati. Di gran lunga meglio delle previsioni. Ma non solo: la qualità della vita che si percepisce promette di diventare sempre migliore con il passare degli anni. A partire dalla metà della vita il benessere psicofisico si sviluppa in misura crescente. Con gli anni aumentano capacità di godere e amore per la vita, e diminuiscono nervosismo e irritabilità.

Questo stupefacente fenomeno prende il nome di *paradosso del benessere* e bisogna viverlo per crederci. A sperimentarlo sono prevalentemente quanti accettano i cambiamenti dopo i 40 e sviluppano capacità di resistenza emotiva sempre più grandi. La convinzione di essere all'altezza della vita. Il talento di saper vedere il buono. L'arte di trarre il meglio da ogni situazione. La disponibilità a fare posto al nuovo. La riconoscenza per tutto ciò che è stato. La generosità di dare forza agli altri.

Finché si è impegnati a trovare il proprio posto nella vita, valori come questi appena citati restano spesso in secondo piano, per poi diventare prevalenti tra i 40 e i 50 anni. Impercettibilmente ampliano le nostre vedute, modificano la nostra prospettiva. In questo capitolo parleremo degli atteggiamenti e dei comportamenti necessari per poter dare una forma ottimista e intelligente alla vita dopo i 40 anni.

La fiducia in se stessi

La vita dopo i 40 è migliore della sua fama. Certo non perché a partire da ora tutto vada al meglio. Spesso, piuttosto, perché siamo in grado di superare gli ostacoli con un sorriso, organizzandoci, oppure ignorandoli molto meglio rispetto a 10 o 15 anni fa. Ovviamente ci sono momenti in cui invecchiare innervosisce e fa arrabbiare e mette paura. Ma chi vuole, può tingersi i capelli bianchi, illuminare sapientemente la stanza da bagno e trascorrere il compleanno degli « anta » su un'isola consona.

A 35 anni sapevamo come venderci. Ci presentavamo esattamente come gli altri volevano vederci: il capo, la vicina, la maestra d'asilo, gli amici del club.

A 45 sappiamo come venirci incontro: diventiamo sempre più abili nell'indirizzare la nostra vita in base alle nostre concezioni e ai nostri bisogni primari. Conosciamo i nostri pregi e le nostre debolezze. Prendiamo decisioni sempre più ragionate, che ci danno forza e ci spingono oltre.

Il programma di allenamento coerente.

Il fondo pensione aggiuntivo.

Le abitudini di vita più sane.
La volontà di rimandare il meno possibile.
La decisione di prendere lezioni di pianoforte.
L'impegno nella comunità diocesana.
La ferrea intenzione di andare da un gastroenterologo dove è garantito che la rettoscopia non fa male.
L'idea di prendere finalmente in mano il progetto della casa per le vacanze.
La sensibilità per la natura, la quiete, la solitudine, che in passato non avevamo.

L'autodeterminazione conferisce un'aura di potere. Per questo è l'arma migliore contro l'impossibilità di fermare il processo di invecchiamento. Lo dimostra la ricerca psicologica: chi crede di avere il controllo della propria vita si sente meglio e agisce in maniera più efficace. La nostra volontà non può fermare l'invecchiamento, ma può dargli forma e contenuto. Diventiamo sempre di più ciò che facciamo di noi.

Il talento di vedere il buono

A volte noi occidentali abbiamo la tendenza a vedere soltanto ciò che ci manca. Non ci facciamo illusioni. Non ci rendiamo le cose più belle. Guardiamo i fatti negli occhi. « Invecchiare è spaventoso », c'è scritto in maniera del tutto coerente sulla quarta di copertina di un libro che tratteggia che cosa si provi a invecchiare, a partire dai 30 e oltre. « Invecchiare è faticoso. Non piace a nessuno. La bellezza dell'età? Serenità e dignità? Saggezza? Ma dove! » Chi considera la vecchiaia come perdita, pensa criticamente, ma non in maniera produttiva. Non c'è niente che evochi emozioni negative con altrettanta certezza di uno sguardo eccessivamente distaccato: malumore. Irritazione. Ostilità. Rassegnazione.

Proprio per questo i più avveduti scelgono un'altra strada e concentrano la loro attenzione sugli avvenimenti buoni, esercitandosi nell'arte di interpretare positivamente perdite o eventi negativi. Trasformano la pelata in un look alla moda, fanno degli occhiali da lettura un segno distintivo e prendono i valori elevati di colesterolo come occasione per provare qualche raffinata pietanza leggera a basso contenuto di grassi, perdendo così quei due o tre chili di troppo che da tempo li appesantivano. Si rendono conto che le striature bianche tra i capelli si intonano meglio al colorito più pallido e che il partner ha più pazienza con i figli da quando il cardiologo lo ha spronato urgentemente a diminuire lo stress e aumentare l'attività fisica. Non riescono a immaginare nemmeno con la migliore volontà di sentire la mancanza degli assorbenti e della sindrome premestruale e trovano interessante il pensiero di interpretare le vampate di caldo come incenerimento di tutto ciò che è diventato superfluo e insignificante.

L'arte di trarre il meglio da ogni situazione

Le circostanze esterne obiettive influenzano il nostro benessere meno di quanto pensiamo. Molto più decisivo è il nostro modo soggettivo di sperimentare e valutare le situazioni. Pertanto, sono felici quanti vivono con i propri limiti e compensano le proprie debolezze con fantasia.

Primo: *selezionare*. Bisogna accettare che non è tutto possibile e di conseguenza è necessario stabilire delle priorità. A questo scopo, per esempio, è molto indicato per ultra 35enni il motto meno-è-meglio.

Secondo: *ottimizzare*. Bisogna cercare di trarre il meglio da ogni situazione, per esempio curando la figura in palestra, oppure accentuando il trucco sulle labbra che si sono assottigliate.

Terzo: *compensare*. Se non è possibile raggiungere l'obiettivo con i mezzi consueti, si cercano delle alternative. Un classico esempio sono quei giocatori di tennis che intorno al 40esimo compleanno sostituiscono la racchetta con la mazza da golf.

Quarto: *adattarsi*. I sogni irrealizzabili causano infelicità e nervosismo. I più saggi adeguano le proprie aspettative ai propri mezzi e se necessario correggono verso il basso le proprie pretese. È evidente che non si riuscirà mai a diventare una pianista diplomata, se si prendono le prime lezioni di pianoforte a 49 anni. Ciononostante è gratificante poter suonare senza errore gli accordi del *Lago dei cigni* o di *Scarborough Fair*.

Quinto: *cambiare direzione*. Si dà un senso a perdite e battute d'arresto, trasformandole creativamente: un dirigente d'azienda 49enne sfrutta la perdita del posto di lavoro come occasione per ripensare radicalmente i propri obiettivi professionali. Una giornalista 45enne, abbandonata dal marito dopo venticinque anni di matrimonio per una donna più giovane, descrive le proprie emozioni in un libro coinvolgente. Un professore di scuola superiore, costretto spesso al silenzio per l'infiammazione alle corde vocali, elabora un programma computerizzato che trasforma in lingua i segni delle dita di persone sorde o mute.

Disponibilità verso persone ed esperienze nuove

A partire dai 40 anni, in genere una persona ha scoperto chi è e che cosa vuole. Si conoscono i propri gusti in fatto di cibo e di abbigliamento, si sa quale musica si ascolta più volentieri e quali libri si apprezzano di più, con quali amici ci si rilassa meglio, qual è il modo migliore per godere del sesso, e come dev'essere programmata una vacanza perché funzioni. Si è ormai instradati, nella vita e a casa, e quando si sfogliano le riviste di arredamento si constata che per realizzare lo stile lounge tanto di moda, sarebbe necessario sbarazzarsi di quasi tutti i mobili che si possiedono. D'altra parte, non erano costati poco e ci si è affezionati e poi sono troppo belli per cambiarli solo per stare al passo con il mutevole spirito dei tempi. Più o meno lo stesso accade con i vecchi amici e i rituali del fine settimana e i negozi dove si preferisce fare la spesa.

A 40 o 50 anni la vita è ormai regolata e piena in molti ambiti e personalmente questa situazione mi risulta alquanto gratificante. L'unico problema è che non resta più molto spazio per il nuovo. Soprattutto le persone di successo, che si sono costruite una vita bella e appagante, hanno la tendenza a evitare nuove esperienze.

« Ciò che interessa adesso, non è il cambiamento incessante, ma la costanza »; così viene descritta su *Elle* la concezione della vita degli ultra 40enni. « Della mole di dischi e CD comprati nel corso della vita, sono rimasti solamente quelli in grado di sopravvivere per la loro qualità. » Lusinghiero.

« I risultati della ricerca sulla personalità hanno dimostrato che la disponibilità verso esperienze nuove diminuisce con l'aumentare dell'età », ha scritto la psicologa Ursula Staudinger. È vero.

Essere saldi e stabili è una bella sensazione, che tuttavia induce a mantenere lo status quo. Camminiamo sul posto ad alto livello. Non per ostinazione legata all'età, ma perché mancano il tempo, le energie, il posto per il nuovo. In maniera impercettibile, tuttavia, la « plasticità dell'Io » viene messa a repentaglio. Invece di sviluppare un'identità sempre più ricca, si comincia a fossilizzarsi. Dopo i 40 è pertanto consigliabile riflettere di tanto in tanto se l'equilibrio tra i due aspetti resiste sempre: tra la conservazione del vecchio e l'apertura per il nuovo, tra il colto gingillarsi negli agi che ultimamente cominciamo ad apprezzare e le decisioni impulsive, che con gli anni sono un po' diminuite.

« *La vita è incerta:*
conviene mangiare prima il dessert. »

Agli occhi dei medi essere giovani significa in primo luogo la cosa più evidente: l'essere ingualcibili. Ma il fascino più grande della gioventù è un altro, come afferma una delle protagoniste di *Sex and the City* Carrie Bradshaw, alias Sarah Jessica Parker: « Da giovani è tutto fresco e nuovo. Tutto succede per la prima volta ». E adesso arriva la buona notizia: questo aspetto della giovinezza si può mantenere senza grossa fatica anche nel mezzo della vita e oltre. A patto che si facciano entrare nella propria vita nuove persone, nuove esperienze e nuovi comportamenti. In particolar modo quelli diversi dagli altri provati mille volte.

A tale scopo non è necessario stipare ulteriormente una vita già di per sé piena. E nemmeno abbandonare tutto quanto per ricominciare daccapo, con la vita, l'amore e il resto. È sufficiente mettersi a parlare, durante un ricevimento in piedi o una festa all'aperto, con una persona che non si conosce, possibilmente di vent'anni più giovane o di trenta più anziana. Oppure comperare un libro di filosofia invece del solito manuale di psicologia. O ancora, per cambiare, provare una forma di vacanza che finora si era guardata con scetticismo.

Rende vecchi indirizzarsi automaticamente verso ciò che è famigliare, compiere senza pensare i rituali conosciuti e voler conservare a ogni costo ciò che si è fatto e si è raggiunto. E rende giovani aprirsi al nuovo e fare spazio regolarmente per persone, cose ed esperienze che rinfrescano la vita e l'arricchiscono di nuove sfaccettature.

Essere soddisfatti di ciò che è stato finora

Per Lars la vita è un susseguirsi armonico di tappe: diploma, laurea in medicina, matrimonio, specializzazione, primo figlio, secondo figlio, ingresso nello studio di un amico dei genitori, iscrizione al Rotary: un percorso da manuale.

Katja prende la vita come viene: abbandono degli studi di stilista, tirocinio come sarta, un anno in Finlandia come ragazza alla pari, una figlia, una sequela infinita di lavori interessanti o lucrosi, ma mai tutt'e due le cose insieme, incontro casuale dell'amore giovanile dal benzinaio, incarichi come stilista, ma niente di definitivo: una vita piena di coincidenze.

I 40enni e i 50enni hanno un passato. La loro felicità non dipende soltanto da come si sentono al momento o dal successo che hanno oggi. L'autostima e la serenità sono determinate anche dalla biografia precedente: se è possibile riconoscere un senso nella propria storia esistenziale, se esiste un filo rosso e un modello ricorrente. Se ci si considera una figlia della fortuna, oppure una lottatrice, un perdente o un arrampicatore. Se ci si vede come protagonista della propria vita o come pedina in balia del destino. Se la propria vita appare come una commedia leggera, una tragedia classica, un film spettacolare o un pezzo teatrale dell'assurdo.

I fatti e le date sono fissi, ma lasciano spazio a molte interpretazioni. Magari Lars interpreta la propria esistenza impeccabile come la prova di aver realizzato i sogni dei genitori piuttosto che i propri. E forse Katja è orgogliosa di essere andata per la propria strada a dispetto delle avversità e di essere diventata forte e sicura di sé. La valutazione della propria vita non dipende soltanto dagli avvenimenti esterni, ma anche dal modo in cui ciascuno riassume, struttura, valuta e collega insieme ciò che è stato.

A 40 anni siamo abbastanza maturi da avere una biografia complessa. Il fatto che ci piaccia dipende da quanto ci sentiamo bene nella nostra pelle. Quando la storia personale è vissuta come coerente, ragionevole e bella, cresce l'autostima. Se, viceversa, ci appare banale, incompleta o insignificante, il nostro senso di identità ne viene danneggiato e questo suscita paura, amarezza, invidia o tristezza.

A 40 anni siamo abbastanza giovani da poter ancora aggiungere molti capitoli alla storia già scritta. E la cosa riesce meglio più siamo soddisfatti del testo già disponibile. «Le esperienze personali», scrive il direttore di «Psychologie Heute» Heiko Ernst, «funzionano come una lente e *il modo* in cui vediamo le cose attraverso questa lente determina il nostro atteggiamento esistenziale e la nostra valutazione degli avvenimenti.»

È lo stile del racconto a decidere se la storia esistenziale rafforzerà o indebolirà l'autostima. In mezzo alla vita, perciò, è consigliabile soffermarsi di tanto in tanto, come fanno gli scrittori e i registi durante la creazione di una loro opera, per esaminare criticamente quanto è stato già prodotto, ben sapendo che la ricca messe di materiale permette varianti del tutto diverse di scelta e montaggio.

A 40 anni la nostra vita è ben lontana dall'essere conclusa. Possiamo accorciare o ampliare il testo raccolto finora, oppure raccontarlo da una prospettiva diversa, o ancora inserirlo in un contesto più ampio. Possiamo cambiare genere, oppure trovare nuove parole per ciò che è stato. Possiamo scrivere un diario e per una volta prendere dal lato divertente le arrabbiature con il capo. Alle riunioni di famiglia possiamo rinunciare a tirare fuori per l'ennesima volta le vecchie storie e riflettere piuttosto sul perché dopo tutto forse è stato un bene rinunciare al lavoro da sogno a Zurigo per riguardo del/della partner. Possiamo riconciliarci con gli aspetti meno riusciti della nostra biografia e coglierne il significato. Possiamo sviluppare ulteriormente la nostra storia e arricchirla di nuovi colpi di scena.

La generosità di sostenere gli altri

Mi sono resa conto solo di recente di uno degli aspetti più belli della vecchiaia: da un paio d'anni trovo i miei coetanei insolitamente simpatici. Per qualche motivo mi sembrano più gentili, generosi e positivi di prima. Si tratta di un'impressione del tutto soggettiva non suffragata da alcun elemento.

Ma in qualsiasi circostanza, durante le riunioni di ex compagni di scuola, a un incontro con ex compagni di università oppure a un ricevimento in piedi – l'effetto è sempre quello: dopo i 40 anni cambiamo, i dialoghi sono più schietti, riflessivi, interessanti. E non soltanto con gli amici intimi, ma anche con le persone di cui incrociamo la strada solo per caso. Le biografie hanno un andamento meno lineare, l'autostima suona più sincera e meno affettata. I paragoni e le vanterie del passato sembrano superati. Al posto della competizione invidiosa ci sono amicizia e solidarietà. Interesse. Apprezzamento. Riconoscimento. Non sempre, ma fortunatamente spesso.

Come ho detto, si tratta di un'impressione soggettiva. Ma possiamo tutti fare in modo che venga confermata.

Piccola conclusione

Dopo i 40 anni abbiamo trovato il nostro posto nella società. D'ora in poi possiamo stabilire per noi stessi un programma più flessibile di prima.

Possiamo essere ostinati e complicati e un pochino eccentrici.

Non siamo costretti ad andare in discoteca per trovare l'amore della nostra vita, né volare a New York con il primo jet per sentirci importanti.

Possiamo essere generosi, sinceri e rilassati.

Possiamo dire di no, oppure di sì, come ci va, e aspettare senza panico che la borsa risalga, perché è successo sempre finora e comunque non ci siamo mai aspettati di diventare ricchi investendo in azioni.

A partire dai 40 anni non diventa tutto migliore. Ma nella prima metà della vita abbiamo imparato abbastanza per riuscire a trarre il meglio da ogni cosa. Siamo superiori e convincenti come ci sarebbe piaciuto essere a 20 anni. Siamo la prova vivente che i 30 anni sono belli. E anche i 40 e oltre.

TEA PRATICA

Ultimi volumi pubblicati

259 Lichterman, *28 giorni. L'oroscopo degli ormoni*
260 Paungger e Poppe, *La luna e l'arte della ginnastica*
261 Seiwert, *La strategia dell'orso*
262 Pierson, Cohen, *Mamma, dimmi che sono bella!*
263 Borrel, *60 consigli per disintossicarsi*
264 Marshall Thomas, *La vita segreta dei cani*
265 Marshall Thomas, *La vita segreta del gatto*
266 Rémy, *60 consigli anticellulite*
267 Berg, *La Kabbalah e i 72 Nomi di Dio*
268 Jacobs-Stewart, *I sentieri si tracciano camminando*
269 Nardone, *Manuale di sopravvivenza per psico-pazienti*
270 Nardone, Giannotti, Rocchi, *Modelli di famiglia*
271 Kushner, *Vivere bene comportandosi bene*
272 Walsh, *78 ragioni per cui il vostro libro non sarà mai pubblicato*
273 Paungger e Poppe, *L'agenda della luna 2007*
274 André, *Vivere felici*
275 Demarais, White, *La prima impressione*
276 Scheffer, *Terapia spontanea con i fiori di Bach*
277 von Markovik, Odom, *Il Metodo Mystery*
278 Doyle, *Mollare le redini*
279 Tarrant, *Cosa vogliono i conigli*
280 Arden, *Qualunque cosa pensi, pensa il contrario*
281 Poschenrieder, *Bastardo: se lo conosci lo eviti*
282 Knapp, *Appetiti*
283 Spada, *Yoga dinamico facile*
284 Seabrook, *Pensiero pelosofico*
285 Schira, Bay, *L'amore goloso*
286 Fennell, *Parla con il tuo cane*
287 Galland, *La dieta Galland*
288 Rossi, *60 consigli di trattamenti benessere*
289 Mead-Ferro, *Confessioni di una mamma pigra*
290 Choukroun, *Se mi ami tradiscimi!*
291 Behrendt e Tuccillo, *La verità è che non gli piaci abbastanza*
292 Behrendt e Ruotola-Behrendt, *Inutile piangere sul cuore spezzato*
293 Wiseman, *Adolescenti terribili*
294 Märtin, *Gli anni migliori. La vita dopo i 40*
295 McKenna, *Posso farti dimagrire*
296 André, *Chi ha paura della paura*
297 Pallardy, *Il mio codice della salute*
298 Holzheu, *Parlare in pubblico ed essere convincenti*
299 Fröhlich, *Giro di vita*
300 Reignier, *Hatha yoga facile*
301 Gray, *Marte e Venere si innamorano di nuovo*
302 Jacobs, *50 anni gloriosi di golf*
303 Paungger-Poppe, *L'agenda della luna 2008*
304 Koch, *L'intelligenza del corpo*
305 Ehrhardt, *Le brave ragazze vanno in paradiso le cattive dappertutto*
306 Hollenbeck, *Riaccendi la passione*
307 McKenna, *Sicuri di sé in un attimo*
308 Fearnley-Whittingstall, *Il manuale dei bravi nonni*
309 Küstenmacher, *Semplifica l'amore*
310 Branden, *L'arte di vivere consapevolmente*
311 Schlessinger, *Infanzia difficile, vita felice*
312 Seabrook, *Il pensiero pelosofico per mamme e papà*
313 Fletcher, *La dieta senza dieta*
314 Bay, *Cucinare verde*
315 Ponte di Pino, *I mestieri del libro*
316 Freedman, Barnouin, *La dieta Skinny Bitch*
317 Kabat-Zinn, *Riprendere i sensi*
318 Hicks, *La legge dell'attrazione*

TEA PRATICA

TUTTI I SEGRETI PER RITROVARE ARMONIA E RELAX

MARIANGELA ROSSI
60 CONSIGLI DI TRATTAMENTI BENESSERE

I ritmi frenetici della vita di oggi ci rendono sempre più spesso giù di tono. Stress da troppo lavoro, umore altalenante, colorito spento, tensioni muscolari sono i disturbi più comuni. E allora perché ogni tanto non staccare la spina e concedersi un po' di tempo per rimettersi in forma? Questo libro, una guida aggiornata e completa sui trattamenti di benessere, è uno strumento prezioso per scegliere i rimedi più adatti alle proprie esigenze.
Dai massaggi più classici, quali linfodrenaggio, riflessologia e shiatsu, ai più esotici come il lomi lomi hawaiano, il qhaqoy dei curanderos andini, o il dervisci's massage dei monaci turchi. Ma non solo. Cocktail di bellezza a base di cioccolato, miele, panna o succulenti all'olio di oliva e al limone. Coccole di benessere che sfruttano le ricchezze della natura: dall'acqua di mare e delle sorgenti, alle piante. E ancora altri trattamenti curiosi – ai capperi, al tartufo, alla zucca – e di lusso – ai diamanti e al caviale. Insomma un vero e proprio pozzo di consigli per ricaricare le batterie e tornare a sorridere alla vita.

TEA PRATICA

DIETE SNERVANTI ED EFFETTO YO-YO, ADDIO!

LEO GALLAND
JONATHAN GALLAND
LA DIETA GALLAND

Calorie, grassi e carboidrati: per anni sono stati il principale bersaglio della maggior parte delle diete, accusati di essere i peggiori nemici della linea. In questo libro, Leo Galland, medico americano ed esperto di alimentazione, non solo mostra, sulla base di recenti scoperte scientifiche, come tali posizioni siano superate, ma propone un programma alimentare che assicura un sano dimagrimento e un peso forma duraturo. La perdita di peso, infatti, non dipende dalla tipologia del cibo che assumiamo, ma sostanzialmente da un ormone, la leptina. Se questa sostanza, responsabile della sensazione di fame e di sazietà, non funziona correttamente, ingrassiamo. Attraverso una dieta equilibrata che non esclude alcun gruppo alimentare e la scelta di alimenti sani e naturali è possibile riequilibrare l'organismo eliminando i chili di troppo. Le ricette del programma, elaborate dal figlio Jonathan, anch'egli esperto di nutrizione, si rifanno principalmente alla dieta mediterranea, pur non mancando piatti esotici e internazionali. Tutte semplici e veloci, concepite non solo per chi sta a casa, ma anche per chi è fuori per lavoro o in viaggio, sono realizzate con ingredienti gustosi e facilmente reperibili sul nostro mercato. Con la dieta Galland dimagrire sarà più semplice del previsto: risultati visibili in tempi brevi, minimo sforzo e, soprattutto, effetti duraturi.

Fotocomposizione Editype s.r.l.
Agrate Brianza (Milano)

Finito di stampare
nel mese di luglio 2008
per conto della TEA S.p.A.
da La Tipografica Varese S.p.A. (VA)
Printed in Italy